# SOMATISCHE ERFAHRUNGS ÜBUNGEN

## zur Heilung komplexer Traumatata

## GRETE SCHULZ

Ein Leitfaden für die Anwendung von Erdungsübungen, Ressourcenbeschaffung und Visualisierung, Selbstregulierung und Body-Scan-Techniken entlang Ihrer Therapiereise

# SOMATISCHE ERFAHRUNGS ÜBUNGEN

## zur Heilung komplexer Traumatata

Ein Leitfaden für die Anwendung von Erdungsübungen, Ressourcenbeschaffung und Visualisierung, Selbstregulierung und Body-Scan-Techniken entlang Ihrer Therapiereise

## GRETE SCHULZ

Redaktioneller Leiter:
**Lukas Jäger**

Cover-Design:
**Hildebert Seidel**

Redaktions- und Produktionsleistungen:
**Echte Stiftverlage**

# Vorwort

Im komplizierten Teppich des Lebens begegnen wir oft Erfahrungen, die tiefe Narben hinterlassen. Insbesondere komplexe Traumatata können unser Gefühl von Sicherheit und Wohlbefinden beeinträchtigen. Der Körper als weiser und treuer Führer hält den Schlüssel zur Erschließung des Heilungsprozesses in der Hand.

Dieses Buch, *Somatische Erfahrungs übungen zur Heilung komplexer Traumatata*, lädt Sie auf eine Reise der Selbstfindung und Heilung ein. Wir werden eine Vielzahl von Techniken erforschen, die Ihnen helfen sollen, sich mit Ihrem Körper zu verbinden, die gespeicherten Traumatareaktionen anzugehen und ein Gefühl von Frieden und Widerstandsfähigkeit zu kultivieren.

Durch Erdungsübungen, Ressourcenbeschaffung und Visualisierung, Selbstregulierung und Körperscan-Techniken lernen Sie:

- **Verankern Sie sich im gegenwärtigen Moment:** Erdungsübungen wie die 5-4-3-2-1-Technik und die Bodyscan-Meditation helfen Ihnen, präsent zu bleiben und Ängste abzubauen.

- **Nutzen Sie Ihre innere Stärke: Ressourcen** - und Visualisierungstechniken, wie das Schaffen eines sicheren Raums und die Verwendung positiver Affirmationen, werden Sie befähigen, Ihre Widerstandsfähigkeit zu nutzen.

- **Umgang mit Stress und Angstzuständen:** Selbstregulationstechniken, einschließlich Entspannungsübungen und Strategien zur emotionalen Regulierung, versetzen Sie in die Lage, schwierige Emotionen zu bewältigen.

- **Verbinden Sie sich auf einer tieferen Ebene mit Ihrem Körper:** Bodyscan-Techniken ermöglichen es Ihnen, Spannungen zu lösen, die Heilung zu fördern und ein größeres Gefühl der Selbstwahrnehmung zu kultivieren.

Denke daran, Heilung ist eine Reise, kein Ziel. Es ist ein Prozess, sich selbst neu zu entdecken, Stück für Stück. Indem Sie sich die Techniken und Strategien in diesem Buch zu eigen machen, können Sie bedeutende Schritte zur Heilung und zu einem erfüllteren Leben unternehmen.

Der gegenwärtige Moment ist der einzige Ort, an dem Leben existiert. Erdungsübungen helfen uns, präsent zu bleiben und Ängste abzubauen, indem sie unsere Aufmerksamkeit auf unsere Sinne richten. Indem wir die Sehenswürdigkeiten, Geräusche, Gerüche, Geschmäcker und Empfindungen um uns herum wahrnehmen, können wir uns im gegenwärtigen Moment verankern und verhindern, dass unsere Gedanken in die Vergangenheit oder Zukunft abschweifen.

Unser Verstand ist ein mächtiges Werkzeug, das genutzt werden kann, um positive Veränderungen herbeizuführen. Ressourcen- und Visualisierungstechniken helfen uns, unsere innere Stärke und Widerstandsfähigkeit zu nutzen. Indem wir einen sicheren Raum schaffen und positive Affirmationen verwenden, können wir unsere Becher mit Hoffnung, Selbstvertrauen und einem Gefühl der Sicherheit füllen.

Wenn wir ein Traumata erleben, kann unser Nervensystem überaktiviert werden. Selbstregulierungstechniken helfen uns, unser Nervensystem zu beruhigen und Stress und Ängste zu bewältigen. Durch das Üben von Entspannungstechniken und emotionalen Regulationsstrategien können wir lernen, auf gesunde und adaptive Weise auf Auslöser zu reagieren.

Der Körper ist ein weiser und treuer Führer. Bodyscan-Techniken helfen uns, uns auf einer tieferen Ebene mit unserem Körper zu verbinden, Spannungen zu lösen und die Heilung zu fördern. Indem wir auf unsere Empfindungen achten und Bereiche des Unbehagens oder der Verspannung wahrnehmen, können wir die gespeicherten Traumatareaktionen in unserem Körper identifizieren und ansprechen.

Die Heilung von komplexen Traumatata ist ein Prozess, der Geduld, Ausdauer und Selbstmitgefühl erfordert. Indem Sie sich die Techniken und Strategien in diesem Buch zu eigen machen, können Sie bedeutende Schritte zur Heilung und zu einem erfüllteren Leben unternehmen. Denken Sie daran, dass Sie auf dieser Reise nicht allein sind. Es gibt viele Menschen, die sich um dich kümmern und dich unterstützen wollen. Mit Zeit und Mühe können Sie die Herausforderungen eines Traumatas überwinden und eine bessere Zukunft für sich selbst schaffen.

# INHALTSVERZEICHNIS

# EINLEITUNG

## Die Weisheit deines Körpers freisetzen

*"Der Körper hält die Punkte."* - Bessel van der Kolk

Somatisches Erleben (SE) ist ein transformativer therapeutischer Ansatz zur Behandlung von Traumata- und stressbedingten Störungen. SE wurde von Dr. Peter Levine entwickelt und basiert auf dem Verständnis, dass Traumata nicht nur ein psychologisches, sondern auch ein physiologisches Problem ist. Diese körperorientierte Therapie betont die angeborene Fähigkeit des Körpers, sich selbst zu heilen, und erkennt an, dass Traumatatische Erfahrungen die natürliche Funktion des vegetativen Nervensystems stören können. Durch die Fokussierung auf die körperlichen Empfindungen, die mit einem Traumata verbunden sind, zielt SE darauf ab, dem Einzelnen zu helfen, gespeicherte Traumatareaktionen zu verarbeiten und loszulassen und so die Rückkehr zu einem Zustand des Gleichgewichts und des Wohlbefindens zu erleichtern.

Im Kern basiert Somatisches Erlebenauf dem Prinzip, dass sich Traumatata oft als Dysregulation im Körper manifestieren. Wenn Menschen ein Traumata erleben, kann ihr Körper mit einer Erstarrungsreaktion reagieren, ähnlich der Kampf-oder-Flucht-Reaktion. Diese Reaktion kann zu chronischer Anspannung und Unwohlsein sowie zu psychischen Symptomen wie Angstzuständen und Depressionen führen. SE versucht, Klienten sanft dabei zu unterstützen, eine erhöhte Toleranz für schwierige körperliche Empfindungen und Emotionen zu entwickeln, die es ihnen ermöglichen, sich wieder mit ihrem körperlichen Selbst zu verbinden. Dieser Prozess beginnt damit, dass er den Individuen hilft, sich ihrer inneren körperlichen Zustände bewusster zu werden – was Praktizierende als Interozeption bezeichnen – und dadurch ein tieferes Verständnis dafür zu fördern, wie sich das Traumata auf ihr körperliches Wesen ausgewirkt hat.

In der Praxis beinhaltet SE eine Vielzahl von Techniken, die das Körperbewusstsein und die emotionale Regulation fördern. Während der Sitzungen ermutigen die Therapeuten die Klienten, ihre körperlichen Empfindungen ohne Urteil wahrzunehmen, und wenden oft Methoden wie "Pendeln" an – die rhythmische Bewegung zwischen Zuständen der Erregung und Ruhe. Diese Technik ermöglicht es den Klienten, Traumatatische Erinnerungen nach und nach zu erforschen, ohne überwältigt zu werden. Anstatt Traumatatische Ereignisse im Detail noch einmal zu erleben, konzentriert sich SE auf die somatischen Erfahrungen, die mit diesen Erinnerungen verbunden sind, und ermöglicht es den Klienten, ihre Beziehung zum Traumata "neu zu verhandeln", anstatt es einfach nur wieder aufzuwärmen.

Die Wirksamkeit von Somatisches Erlebenbei der Heilung komplexer Traumatata wurde durch verschiedene klinische Studien und anekdotische Beweise von Praktikern und Patienten gleichermaßen unterstützt. Zum Beispiel haben randomisierte kontrollierte Studien eine signifikante Verringerung der PTBS-Symptome nach einer SE-Behandlung gezeigt. Die Patienten berichteten nicht nur von verminderten Angstzuständen und Depressionen, sondern auch von Verbesserungen bei körperlichen Symptomen wie chronischen Schmerzen und Schlafstörungen. Viele Menschen stellen fest, dass sie, sobald sie beginnen, die körperlichen Manifestationen ihres Traumatas durch SE anzugehen, sich leichter mit den emotionalen Aspekten ihrer Erfahrungen auseinandersetzen können.

Im klinischen Umfeld wurde SE erfolgreich in verschiedenen Bevölkerungsgruppen eingesetzt, darunter Überlebende von Missbrauch, Veteranen mit kampfbedingter PTBS und Personen, die mit Trauer oder Verlust zu kämpfen haben. Praktiker heben oft bemerkenswerte Veränderungen im Leben ihrer Klienten hervor – Geschichten von wiedergewonnener Vitalität, verbesserten Beziehungen und verbesserter emotionaler Widerstandsfähigkeit sind häufig. Wenn Klienten lernen, ihre körperlichen Empfindungen zu steuern und aufgestaute Energie, die mit einem Traumata verbunden ist, freizusetzen, erleben sie oft ein tiefes Gefühl der Befreiung und Ermächtigung.

Durch Somatisches Erlebenwerden Einzelpersonen nicht nur wegen ihrer Symptome behandelt; Sie begeben sich auf eine Reise zur ganzheitlichen Heilung, die sie wieder mit ihrem Körper verbindet und ihr Gefühl der Sicherheit in der Welt wiederherstellt. Dieser Ansatz bietet Hoffnung für diejenigen, die sich durch ihre vergangenen Erfahrungen gefangen gefühlt haben, und lädt sie ein, ihr Leben aus dem Griff ungelöster Traumatata zurückzugewinnen.

Die Auseinandersetzung mit den gespeicherten Traumatareaktionen des Körpers ist entscheidend für eine ganzheitliche Heilung, da Traumatata tief in unseren körperlichen und emotionalen Systemen verankert werden können. Wenn Menschen Traumatatische Ereignisse erleben, reagiert ihr Körper oft mit intensiven physiologischen Reaktionen, wie z. B. erhöhter Herzfrequenz, Muskelverspannungen und der Freisetzung von Stresshormonen wie Adrenalin. Diese Reaktionen können zu einer sogenannten "Traumataprägung" führen, bei der der Körper eine Erinnerung an das Traumata behält, die sich in verschiedenen körperlichen und emotionalen Symptomen manifestiert. Für viele führt dies zu chronischen Schmerzen, Angstzuständen, Hypervigilanz und einer Vielzahl anderer schwächender Erkrankungen, die noch lange nach dem Traumatatischen Ereignis bestehen bleiben können.

Die Traumataprägung tritt im Moment des Schocks oder der Angst während eines Traumatatischen Erlebnisses auf. Das Gehirn zeichnet nicht nur das Ereignis selbst auf, sondern auch alle damit verbundenen sensorischen Details – Geräusche, Gerüche, Sehenswürdigkeiten und sogar körperliche Empfindungen. Dies hinterlässt einen bleibenden Eindruck sowohl im Geist als auch im Körper. Zum Beispiel kann jemand, der einen gewalttätigen Angriff erlebt hat, starke Angst oder körperliches Unbehagen empfinden, wenn er ähnlichen sensorischen Reizen in seiner Umgebung begegnet, auch wenn er sich nicht bewusst ist, warum. Dieses Phänomen zeigt, wie sich unverarbeitete Traumatata im Gewebe und im Nervensystem des Körpers manifestieren können, was zu einem Teufelskreis der Belastung führt, der schwer zu durchbrechen sein kann.

Die traditionelle Gesprächstherapie greift oft zu kurz, wenn es darum geht, diese körperlichen Manifestationen von Traumatata anzugehen. Obwohl es nützlich sein kann, um Gedanken und Gefühle im Zusammenhang mit Traumatatischen Erfahrungen zu erforschen, befasst es sich in der Regel nicht mit den gespeicherten Reaktionen des Körpers. Der rationale Teil des Gehirns kann während eines Traumatas von den emotionalen Zentren abgekoppelt werden, was es für den Einzelnen schwierig macht, seine Erfahrungen allein durch verbale Kommunikation zu verarbeiten. Infolgedessen leben viele Menschen weiterhin mit ungelösten Traumatata, die ihr tägliches Leben und ihr allgemeines Wohlbefinden beeinträchtigen.

Wissenschaftliche Erkenntnisse belegen, wie wichtig es ist, gespeicherte Traumatareaktionen durch somatische Ansätze wie Somatisches Erlebenanzugehen. Die Forschung hat gezeigt, dass ungelöste Traumatata zu verschiedenen Gesundheitsproblemen führen können, darunter Autoimmunerkrankungen und chronische Schmerzsyndrome. Eine Studie zeigte, dass 50-70% der Allergien auf Traumatatische Erfahrungen zurückgeführt werden konnten, die beseitigt werden mussten, damit die richtige Immunfunktion wieder aufgenommen werden konnte.

Darüber hinaus können sich die Auswirkungen von Traumatata sogar transgenerationell erstrecken; Kinder Traumatatisierter Personen können nicht nur psychische Symptome, sondern auch biologische Veränderungen erben, die mit den Erfahrungen ihrer Eltern zusammenhängen

Fallstudien veranschaulichen außerdem, wie die Auseinandersetzung mit gespeicherten Traumatareaktionen zu einer tiefgreifenden Heilung führen kann. In einem Fall ging es um eine Frau, die unter chronischen Schmerzen litt, die mit einem KindheitsTraumata verbunden waren. Durch somatische Techniken, die sich auf ihr autonomes Nervensystem (ANS) konzentrierten, konnte sie auf Erinnerungen zugreifen, die mit ihren Schmerzen verbunden waren, und die Einengungen in ihrem Körper lösen. Dieser Prozess linderte nicht nur ihre körperlichen Symptome, sondern ermöglichte es ihr auch, tiefere emotionale Muster zu verstehen, die ihr Leben beeinflusst hatten.

## Die Geist-Körper-Verbindung bei der Traumatabewältigung

Die komplizierte Beziehung zwischen Geist und Körper spielt eine zentrale Rolle bei der Traumatabewältigung und unterstreicht die Notwendigkeit, beide Aspekte für eine effektive Heilung anzugehen. Ein Traumata wirkt sich nicht nur psychisch, sondern auch physiologisch auf den Einzelnen aus und schafft ein komplexes Zusammenspiel, das zu einer Reihe von Symptomen führen kann. Wenn eine Person ein Traumata erleidet, wird ihr autonomes Nervensystem (ANS) – das unwillkürliche Körperfunktionen reguliert – aktiviert und löst Reaktionen aus, die zu einer Dysregulation führen können. Diese Dysregulation manifestiert sich in erhöhten Erregungszuständen oder umgekehrt in einer Abschaltreaktion, die beide tiefgreifende Auswirkungen auf die geistige und körperliche Gesundheit haben können.

Das ANS besteht aus zwei Hauptzweigen: dem sympathischen Nervensystem (SNS), das für die "Kampf-oder-Flucht"-Reaktion verantwortlich ist, und dem parasympathischen Nervensystem (PNS), das Ruhe und Entspannung ermöglicht. In Momenten des Traumatas wird das SNS aktiviert und setzt Stresshormone wie Cortisol und Adrenalin frei. Diese Reaktion bereitet den Körper darauf vor, sich der Gefahr zu stellen oder vor ihr zu fliehen; Wenn das Traumata jedoch chronisch oder ungelöst ist, kann das SNS in einem Zustand des Overdrive verbleiben. Dies führt zu Symptomen wie Angstzuständen, Hypervigilanz und chronischen Schmerzen, da der Körper Schwierigkeiten hat, zu seinem Ausgangszustand der Ruhe zurückzukehren. Wie Experten auf diesem Gebiet feststellten, "wird die Amygdala chronisch hypersensibilisiert, wenn ein Traumata nicht gelöst wird", was den Einzelnen anfälliger für Stressoren macht, die normalerweise von einem gut funktionierenden präfrontalen Kortex als nicht bedrohlich interpretiert würden. Das Verständnis dieser Verbindung zwischen Geist und Körper ist für die Entwicklung wirksamer Behandlungsstrategien unerlässlich. Traditionelle Gesprächstherapien konzentrieren sich oft in erster Linie auf kognitive Prozesse, ohne die im Körper eingebetteten physiologischen Reaktionen angemessen zu berücksichtigen. Dieses Versehen kann erhebliche Lücken in der Genesung hinterlassen, da viele Menschen feststellen, dass ihre emotionalen Symptome mit körperlichen Empfindungen und Reaktionen verflochten sind. Zum Beispiel kann jemand Angst erleben, die nicht nur in Gedanken wurzelt, sondern auch in Spannungen, die in seinen Muskeln oder Organen gehalten werden — ein Phänomen, das somatisches Erleben direkt anzugehen versucht.

Somatisches Erleben bietet einen Weg, um das Gleichgewicht innerhalb des ANS wiederherzustellen und das allgemeine Wohlbefinden zu fördern. Indem sie sich auf körperliche Empfindungen konzentrieren und Klienten ermutigen, ihre körperlichen Erfahrungen im Zusammenhang mit Traumatata zu erforschen, helfen die Praktiker den Menschen, sich in einer sicheren und unterstützenden Umgebung wieder mit ihrem Körper zu verbinden. Techniken wie die "Pendelung", bei der Klienten zwischen Zuständen des Unbehagens und des Wohlbefindens oszillieren, ermöglichen es ihnen, Traumatatische Erinnerungen allmählich zu verarbeiten, ohne überwältigt zu werden. Wie Dr. Peter Levine erklärt: "Das Ziel ist nicht, das Traumata erneut zu erleben, sondern es neu zu verhandeln", was es den Klienten ermöglicht, gespeicherte Energie, die mit Traumatatischen Erfahrungen verbunden ist, freizusetzen. Fallstudien veranschaulichen die Wirksamkeit somatischer Erfahrungen bei der Erleichterung dieser Wiederverbindung. Ein bemerkenswertes Beispiel betraf einen Klienten, der ein schweres KindheitsTraumata erlebt hatte, das zu chronischen Schmerzen und Angstzuständen führte. Durch somatische Techniken, die ihr ANS aktivierten, konnte sie auf Erinnerungen zugreifen, die in ihrem Körper eingeschlossen waren. Während sie diese Empfindungen und Emotionen verarbeitete, begannen ihre körperlichen Symptome deutlich nachzulassen. Diese Erfahrung zeigt, wie die Auseinandersetzung mit gespeicherten Traumatareaktionen nicht nur zu emotionaler Entlastung, sondern auch zu spürbaren

Verbesserungen der körperlichen Gesundheit führen kann.

Die Bedeutung des Erkennens und Behandelns der Geist-Körper-Verbindung bei der Traumatabewältigung kann nicht hoch genug eingeschätzt werden. Wie Bessel van der Kolk in seinem bahnbrechenden Werk *The Body Keeps the Score* feststellte, "ist ein Traumata nicht nur ein Ereignis, das irgendwann in der Vergangenheit stattgefunden hat; Es ist auch der Abdruck, den diese Erfahrung in Geist, Gehirn und Körper hinterlassen hat." Dieses ganzheitliche Verständnis ebnet den Weg für umfassendere Behandlungsansätze, die sowohl die psychologische als auch die physiologische Dimension der Heilung berücksichtigen. Durch die Integration somatischer Praktiken in therapeutische Rahmenbedingungen können sich Einzelpersonen auf eine vollständigere Reise zur Genesung begeben – eine, die sowohl ihren Geist als auch ihren Körper als integrale Bestandteile ihres Heilungsprozesses umfasst.

# Die Grenzen der traditionellen Gesprächstherapie bei Traumatata.

Die traditionelle Gesprächstherapie ist seit langem ein Eckpfeiler der Behandlung psychischer Gesundheit und bietet dem Einzelnen einen Raum, in dem er seine Gedanken und Emotionen erforschen kann. Wenn es jedoch um die Bewältigung von Traumatata geht, weist dieser Ansatz oft erhebliche Grenzen auf. Während die Gesprächstherapie für viele psychologische Probleme unglaublich wertvoll sein kann, konzentriert sie sich in erster Linie auf kognitive und emotionale Aspekte und vernachlässigt häufig die körperlichen und physiologischen Komponenten, die für den Heilungsprozess gleichermaßen wichtig sind. Dieses Versehen kann zu einer unvollständigen Heilung führen, so dass die Traumatasymptome noch lange nach dem ersten Ereignis bestehen bleiben.

Eine der größten Herausforderungen der traditionellen Gesprächstherapie bei der Traumatabewältigung ist die Abhängigkeit von verbaler Kommunikation. Traumatatische Erinnerungen sind oft schwer zugänglich und zu artikulieren; Es liegt in der Natur des Traumatas, dass es Hindernisse für eine effektive Kommunikation schaffen kann. Wie Experten feststellten, "macht es die Natur Traumatatischer Erinnerungen schwierig, sie in einer traditionellen Gesprächstherapie zu erreichen, zu verbalisieren und zu konfrontieren." Diese Schwierigkeit wird durch die Tatsache verschärft, dass Traumatata oft zu Vermeidungsverhaltensweisen führen, bei denen Individuen unbewusst vermeiden, über schmerzhafte Erfahrungen zu sprechen. Folglich können Therapeuten, die keine spezielle Ausbildung in Traumatata haben, Klienten versehentlich dazu drängen, mehr preiszugeben, als sie bereit sind, was zu erhöhtem Stress und weiterer Vermeidung führen kann.

Darüber hinaus deutet die Forschung darauf hin, dass Traumatata strukturelle und funktionelle Veränderungen im Gehirn verursachen können. Zum Beispiel kann die Amygdala – das Angstzentrum des Gehirns – als Reaktion auf Stress hyperaktiv werden, während Bereiche, die für rationales Denken und Entscheidungsfindung verantwortlich sind, wie der präfrontale Kortex, weniger aktiv werden können. Dieses Ungleichgewicht erschwert den therapeutischen Prozess; Wenn sich Klienten in einem erhöhten Erregungs- oder Stresszustand befinden, können sie Schwierigkeiten haben, sich effektiv auf kognitive Therapien einzulassen. Wie Dr. Bessel van der Kolk feststellt: "Wenn der rationale Teil des Gehirns durch das Traumatagedächtnis gekapert wird, hören die Menschen möglicherweise keine Worte oder Argumentationen mehr oder verstehen den Ereignissen keinen Sinn." Dies unterstreicht eine signifikante Lücke in der traditionellen Gesprächstherapie: Sie versucht oft, kognitive Prozesse zu aktivieren, die während der Traumatareaktion offline sein können.

Konkrete Fälle verdeutlichen, wie die traditionelle Gesprächstherapie bei der effektiven Behandlung von Traumatata versagt hat. Nehmen wir Joe, einen Schweißer, der bei einer Explosion schwere Verbrennungen erlitt. Obwohl seine körperlichen Verletzungen relativ gering waren, erlebte Joe lähmende Panikattacken und Flashbacks, die eine Rückkehr an den Arbeitsplatz unmöglich machten. In konventionellen Therapiesettings wäre er vielleicht ermutigt worden, seine Gefühle über das Ereignis zu diskutieren, ohne die zugrunde liegenden physiologischen Reaktionen seines Körpers anzusprechen. Dieser Ansatz könnte dazu führen, dass er sich mehr von seiner Erfahrung getrennt fühlt, als dass er die Heilung erleichtert.

Um diese Einschränkungen zu überwinden, kann die Integration somatischer Erfahrungen in therapeutische Praktiken einen ganzheitlicheren Ansatz zur Traumatabewältigung bieten. Somatisches Erleben konzentriert sich auf die Empfindungen und Reaktionen des Körpers und nicht nur auf Gedanken und Emotionen. Es betont die "Bottom-up-Verarbeitung", die die körperlichen Erfahrungen der Klienten als Weg zur Heilung einbezieht. Indem sie Menschen helfen, sich wieder mit ihren körperlichen Empfindungen – wie

Anspannung oder Unbehagen – zu verbinden, können Therapeuten sie durch den Prozess des Lösens gespeicherter Traumatareaktionen führen.

Die Forschung unterstützt diesen integrativen Ansatz; Studien haben gezeigt, dass somatisches Erleben zu einer signifikanten Verringerung der PTBS-Symptome führen kann, indem sowohl emotionale als auch körperliche Aspekte des Traumatas angesprochen werden. Zum Beispiel berichten Klienten, die sich mit somatischen Techniken beschäftigt haben, oft nicht nur von emotionaler Erleichterung, sondern auch von Verbesserungen bei chronischen Schmerzen und anderen körperlichen Symptomen, die mit ihren Traumatatischen Erfahrungen verbunden sind. Die Kombination aus kognitivem Verständnis und somatischem Bewusstsein ermöglicht es Menschen wie Joe, ihr Traumata vollständiger zu verarbeiten und ihr Gefühl von Sicherheit und Kontrolle zurückzugewinnen.

## Die Rolle des somatischen Erlebens bei der Unterstützung des Körpers bei der Befreiung von gespeicherten Traumatata.

Somatisches Erleben (SE) bietet einen einzigartigen und effektiven Ansatz, um gespeicherte Traumatata aus dem Körper zu lösen, indem es sich auf das komplizierte Zusammenspiel zwischen körperlichen Empfindungen und emotionalen Erfahrungen konzentriert. SE wurde von Dr. Peter Levine entwickelt und erkennt an, dass Traumata nicht nur ein mentales oder emotionales Problem ist, sondern auch ein tief verkörpertes. Durch den Einsatz spezifischer Techniken hilft SE den Menschen, ihre körperlichen Empfindungen sanft zu steuern und aufgestaute Traumatata zu lösen, ohne sie zu überwältigen.

Eine der grundlegenden Techniken des somatischen Erlebens ist **das Verfolgen körperlicher Empfindungen**. Dabei geht es darum, die Klienten dazu anzuleiten, ihren inneren körperlichen Erfahrungen wie Anspannung, Wärme oder Unbehagen große Aufmerksamkeit zu schenken. Indem SE den Einzelnen ermutigt, diese Empfindungen ohne Urteil zu beobachten, fördert SE ein Gefühl der Sicherheit und des Bewusstseins, das transformativ sein kann. Zum Beispiel kann ein Klient ein Engegefühl in seiner Brust bemerken, wenn er sich an ein Traumatatisches Ereignis erinnert. Anstatt in die Erzählung des Traumatas einzutauchen, ermutigt der Therapeut sie, diese Empfindung zu erforschen – wie sie sich anfühlt, wo sie sich im Körper befindet und wie sie sich im Laufe der Zeit verändert. Dieser Prozess hilft dem Einzelnen, sich besser auf seinen Körper einzustimmen, und fördert die Selbstregulation.

Eine weitere Schlüsseltechnik ist **die Pendelung**, die sich auf das Oszillieren zwischen Aktivierungszuständen (in denen Traumatareaktionen auftreten können) und Deaktivierung (einem Zustand der Ruhe) bezieht. Diese Methode ermöglicht es den Klienten, nach und nach Unbehagen zu empfinden, das mit einem Traumata verbunden ist, und gleichzeitig zu lernen, in einen Zustand der Entspannung zurückzukehren. Zum Beispiel könnte ein Klient während einer Sitzung angeleitet werden, sich kurz an eine belastende Erinnerung zu erinnern – gerade genug, um eine gewisse Aktivierung zu spüren – bevor er seinen Fokus wieder auf eine beruhigende Empfindung oder Erinnerung verlagert. Diese Hin- und Herbewegung hilft dem Nervensystem, sich neu zu kalibrieren und die überwältigende Natur Traumatatischer Erinnerungen zu reduzieren. Dr. Levine erklärt: "Die Pendelung ermöglicht es uns, unsere Kanten sicher zu erkunden, ohne überfordert zu werden."

**Die Titration** ist eine weitere wesentliche Technik des somatischen Erlebens, bei der die Exposition gegenüber Traumatatischem Material in kleinen Dosen allmählich erhöht wird. Anstatt sich mit einer Traumatatischen Erinnerung frontal auseinanderzusetzen, was reTraumatatisierend sein kann, ermöglicht die Titration den Klienten, sich in überschaubaren Schritten mit ihren Erinnerungen auseinanderzusetzen. Wenn jemand zum Beispiel einen erheblichen Verlust erlitten hat, kann er zunächst für ein paar Augenblicke Gefühle der Traurigkeit erforschen, die mit diesem Verlust verbunden sind, bevor er zu einer neutraleren oder positiveren Empfindung zurückkehrt. Dieser Ansatz hilft nicht nur, Überforderung zu verhindern, sondern ermöglicht es den Klienten auch, ihre Emotionen in einem Tempo zu verarbeiten, das sich für sie sicher anfühlt.

Die Wirksamkeit dieser Techniken wird oft durch persönliche Anekdoten und Fallstudien veranschaulicht. Ein solches Beispiel ist Sarah, die während ihrer gesamten Kindheit emotionalen Missbrauch erlitten hat. In der traditionellen Gesprächstherapie fiel es ihr schwer, ihre Gefühle über ihre vergangenen Erfahrungen zu artikulieren. Durch somatische Erfahrungen begann sie jedoch, ihre körperlichen Empfindungen während der Sitzungen zu verfolgen. Während sie sich auf ihre angespannten Schultern und ihren zusammengebissenen Kiefer konzentrierte, während sie sich an bestimmte Erinnerungen erinnerte, konnte sie körperliche Verspannungen durch Atemarbeit und sanfte Bewegungen lösen. Im Laufe der Zeit berichtete Sarah, dass sie sich leichter und mehr mit ihrem Körper verbunden fühlte und weniger Angstattacken hatte, als sie lernte, ihre Empfindungen zu steuern.

Die Rolle eines ausgebildeten und erfahrenen Praktikers bei der Erleichterung dieses Prozesses kann nicht hoch genug eingeschätzt werden. Ein erfahrener UB-Therapeut schafft ein Umfeld der Sicherheit und des Vertrauens, das für Klienten unerlässlich ist, um die Empfindungen ihres Körpers zu erforschen, ohne Angst vor Verurteilung oder ReTraumatatisierung zu haben. Sie sind geschickt darin, Anzeichen von Stress zu erkennen und können Klienten bei Bedarf wieder zu Erdungstechniken führen. Wie Experten auf diesem Gebiet feststellten, "ist die therapeutische Beziehung entscheidend; Es bietet den Klienten die Sicherheit, die sie brauchen, um ihr Traumata zu erforschen."

Zusammenfassend lässt sich sagen, dass somatisches Erleben kraftvolle Techniken wie das Verfolgen von Körperempfindungen, Pendeln und Titration bietet, die die Befreiung von gespeicherten Traumatata aus dem Körper effektiv erleichtern. Durch die Konzentration auf die Verbindung zwischen Geist und Körper und die Gewährleistung der Sicherheit durch qualifizierte Anleitung können sich Einzelpersonen auf eine Heilungsreise begeben, die sowohl ihre körperlichen als auch ihre emotionalen Erfahrungen würdigt.

# Kapitel 1

## Erdungsübungen: Sich im gegenwärtigen Moment verankern

*"Der gegenwärtige Moment ist der einzige Ort, an dem Leben existiert."* - Thich Nhat Hanh

"Wenn ich einatme, beruhige ich meinen Körper. Ich atme aus und lächle. Da ich im gegenwärtigen Moment verweile, weiß ich, dass dies ein wunderbarer Moment ist." Dieses Zitat von Thich Nhat Hanh fasst die Essenz der Achtsamkeit und des vollständigen Lebens in der Gegenwart wunderbar zusammen. Es dient als sanfte Erinnerung daran, dass jeder Moment, den wir erleben, das Potenzial für Freude und Frieden birgt, wenn wir uns bewusst damit auseinandersetzen. In einer Welt voller Ablenkungen und ständiger Anforderungen an unsere Aufmerksamkeit wird die Verankerung im gegenwärtigen Moment nicht nur zu einer Übung, sondern zu einer Notwendigkeit für unser geistiges und emotionales Wohlbefinden.

Die Bedeutung dieses Zitats liegt in seiner Fähigkeit, uns inmitten des Chaos des täglichen Lebens zu erden.

Wenn wir uns auf unseren Atem konzentrieren und die Gegenwart anerkennen, kultivieren wir ein Gefühl der Bewusstheit, das es uns ermöglicht, von unseren Sorgen über die Zukunft oder dem Bedauern über die Vergangenheit Abstand zu nehmen. Diese Praxis der Achtsamkeit ist transformativ; Es verschiebt unsere Perspektive von einer der Angst und Ablenkung zu einer der Klarheit und Wertschätzung. Indem wir die Gegenwart umarmen, können wir einfache Freuden genießen – eine warme Tasse Tee, eine sanfte Brise oder das Lächeln eines geliebten Menschen – und Schönheit in dem finden, was sich sonst banal anfühlen würde. Diese Verschiebung verbessert nicht nur unsere täglichen Erfahrungen, sondern fördert auch die Widerstandsfähigkeit gegen Stress und emotionale Turbulenzen.

Präsent zu sein ist entscheidend für die psychische Gesundheit, denn es hilft uns, uns aus dem Kreislauf negativen Denkens zu befreien, das zu Angstzuständen und Depressionen führen kann. Wenn wir in der Vergangenheit oder Zukunft verweilen, verstärken wir oft Gefühle des Bedauerns oder der Angst, die unser Urteilsvermögen trüben und unsere Fähigkeit, das Leben zu genießen, beeinträchtigen können. Erdungsübungen wie achtsames Atmen oder Gehmeditation ermöglichen es uns, uns wieder mit uns selbst und unserer Umgebung zu verbinden und fördern ein Gefühl von Ruhe und Stabilität. Wenn wir üben, präsent zu sein, entwickeln wir ein tieferes Verständnis für unsere Gedanken und Emotionen, das es uns ermöglicht, auf die Herausforderungen des Lebens zu reagieren, anstatt darauf zu reagieren.

In diesem Kapitel werden verschiedene Techniken erforscht, um Achtsamkeit zu kultivieren und uns im gegenwärtigen Moment zu erden. Wir werden uns mit Praktiken wie achtsamem Atmen, Körperscans und Übungen zur sensorischen Wahrnehmung befassen. Jede Technik bietet einzigartige Vorteile – vom Stressabbau und der Verbesserung der Konzentration bis hin zur Verbesserung der emotionalen Regulation und der Förderung des Selbstmitgefühls. Indem wir diese Praktiken in unsere täglichen Routinen integrieren, können wir ein erfüllteres Leben schaffen, das die Schönheit jedes Augenblicks ehrt.

Wenn wir uns gemeinsam auf diese Reise begeben, denken Sie daran, dass es bei Achtsamkeit nicht um Perfektion geht; Es geht um Fortschritt. Jeder kleine Schritt, den du machst, um präsent zu sein, ist ein Sieg, der es wert ist, gefeiert zu werden. Lassen Sie uns diese Erkundung mit offenem Herzen und Geist annehmen, bereit, die tiefgreifenden Auswirkungen zu entdecken, die das Leben im Moment auf unser Leben haben kann.

# 5-4-3-2-1 Technik

Die 5-4-3-2-1-Technik ist eine kraftvolle Erdungsübung, die dich einlädt, dich wieder mit dem gegenwärtigen Moment zu verbinden, indem du deine fünf Sinne einsetzt. In Zeiten von Stress oder Angst dient diese Technik als praktisches Werkzeug, um Ihren Geist zu verankern und Sie von überwältigenden Gedanken wegzuziehen. Indem Sie sich auf das konzentrieren, was Sie sehen, berühren, hören, riechen und schmecken können, erstellen Sie eine sensorische Landkarte, die

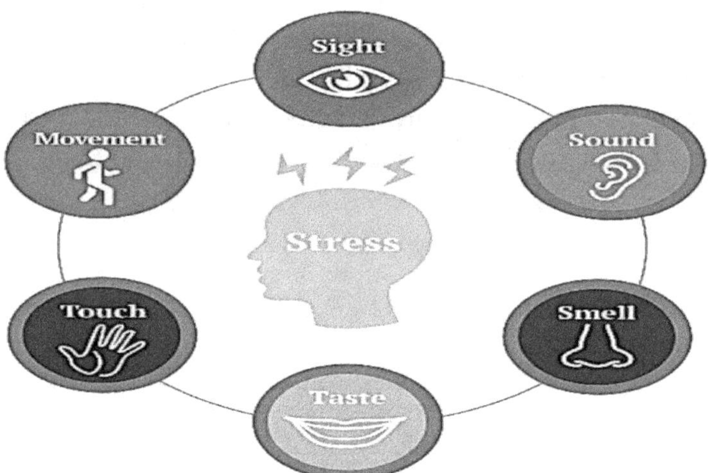


Ihnen hilft, Ihre Emotionen zu stabilisieren und Klarheit in Ihre Erfahrung zu bringen.

Suchen Sie sich zunächst einen ruhigen Platz, an dem Sie bequem sitzen können. Atmen Sie tief ein, spüren Sie, wie die Luft Ihre Lungen füllt, und atmen Sie dann langsam aus, damit alle Spannungen dahinschmelzen. Beginnen Sie mit dem ersten Schritt: Identifizieren Sie fünf Dinge, die Sie um sich herum sehen können. Das kann alles sein, von der Farbe der Wände über das Muster auf einem Teppich bis hin zu einem kleinen Gegenstand auf deinem Schreibtisch. Wenn du jeden Gegenstand benennst – "Ich sehe ein blaues Buch", "Ich sehe ein Fenster", "Ich sehe eine Pflanze" – erlaube dir, ihn wirklich zu betrachten. Achten Sie auf die Details, die Textur und die Art und Weise, wie es sich in Ihre Umgebung einfügt. Dieser Akt der Beobachtung lenkt deine Aufmerksamkeit weg von ängstlichen Gedanken und hin zum Reichtum deiner Umgebung.

Verschieben Sie als Nächstes Ihren Fokus auf die Berührung. Erkennen Sie vier Dinge an, die Sie physisch fühlen können. Dazu kann das Gefühl gehören, dass deine Füße auf dem Boden stehen, der Stoff deiner Kleidung auf deiner Haut oder sogar die Wärme des Sonnenlichts, das durch ein Fenster fällt. Während du jede Empfindung benennst – "Ich spüre die Kühle des Stuhls", "Ich fühle, wie mein Haar meinen Nacken streift" – nimm dir einen Moment Zeit, um dich wirklich auf diese Gefühle einzulassen. Dieses taktile Bewusstsein stärkt deine Verbindung zum gegenwärtigen Moment und hilft dir, dich in der Realität zu erden.

Wenden Sie sich dann dem Klang zu. Achte genau auf drei verschiedene Geräusche in deiner Umgebung. Das kann das Brummen einer Klimaanlage sein, das Zwitschern der Vögel draußen oder sogar entfernte Verkehrsgeräusche. Wenn du jedes Geräusch identifizierst – "Ich höre die tickende Uhr", "Ich höre jemanden sprechen" – erlaube dir, in diese auditiven Erfahrungen einzutauchen. Jeder Klang dient als Anker, der dich tiefer ins Jetzt zieht.

Konzentriere dich danach auf den Geruch, indem du zwei Düfte um dich herum identifizierst. Wenn Sie sich in einer vertrauten Umgebung befinden, können Sie vielleicht den Duft von frisch gebrühtem Kaffee oder einen Hauch von Eau de Cologne in der Luft wahrnehmen. Wenn nicht, denken Sie an zwei Lieblingsgerüche, die angenehme Erinnerungen hervorrufen – wie frisch gebackene Kekse oder blühende Blumen – und visualisieren Sie sie lebhaft, während Sie sie laut benennen. Diese olfaktorische Auseinandersetzung kann starke emotionale Reaktionen hervorrufen und Sie weiter mit positiven Gefühlen verbinden.

Schließen Sie schließlich mit dem Geschmack ab, indem Sie einen Geschmack identifizieren, der gerade in Ihrem Mund vorhanden ist. Es kann der anhaltende Geschmack von Zahnpasta sein oder vielleicht etwas Neueres wie ein Mittagessen oder ein Snack. Wenn nichts auffällt, denken Sie an eine Ihrer Lieblingsaromen – wie Schokolade oder Minze – und genießen Sie diesen Gedanken für einen Moment. Wenn du dich mit diesem Gefühl beschäftigst, schließt du die Übung ab und stärkst gleichzeitig deine Präsenz im Moment.

Diese Technik ist besonders nützlich in Momenten von hohem Stress oder Angst, da sie Ihren Fokus von innerer Unruhe auf die äußere Realität verlagert. Indem Sie bewusst jeden Sinn einzeln ansprechen, schaffen Sie einen mentalen Raum, in dem Sorgen in den Hintergrund treten und Ruhe Vorrang hat. Die 5-4-3-2-1-Technik hilft nicht nur, unmittelbare Ängste zu lindern, sondern kultiviert auch eine Gewohnheit der Achtsamkeit, die die allgemeine emotionale Widerstandsfähigkeit im Laufe der Zeit verbessern kann.

# Beispiele für bestimmte Sehenswürdigkeiten, Geräusche, Gerüche, Geschmäcker und Empfindungen, auf die man sich konzentrieren sollte.

Die Auseinandersetzung mit unseren Sinnen ist eine reizvolle Möglichkeit, uns im gegenwärtigen Moment zu verankern, und es gibt unzählige Möglichkeiten, dies in unserem Alltag zu tun. Wenn es um Sehenswürdigkeiten geht, nehmen Sie sich einen Moment Zeit, um die Muster in einem Teppich unter Ihren Füßen wirklich zu beobachten. Achte darauf, wie die Farben ineinander greifen und einen Teppich aus Formen schaffen, der dich in einen meditativen Zustand versetzen kann. Wenn Sie draußen sind, lassen Sie sich von den leuchtenden Farben einer Blume verzaubern, wobei jedes Blütenblatt seine eigene Geschichte in Rot-, Gelb- oder Blautönen erzählt. Oder vielleicht bestaunen Sie die Blätter, die im Wind tanzen; Beobachten Sie, wie sie flattern und wiegen und einen sanften Rhythmus erzeugen, der die Ebbe und Flut des Lebens selbst widerspiegelt. Jedes visuelle Erlebnis lädt Sie ein, langsamer zu werden und die Schönheit, die Sie umgibt, zu schätzen.

Die Welt der Klänge bietet einen weiteren reichhaltigen Teppich für Achtsamkeit. Nehmen Sie sich einen Moment Zeit, um dem Brummen Ihres Kühlschranks genau zu lauschen. Es ist ein ständiges Hintergrundgeräusch, das oft unbemerkt bleibt, aber als beruhigende Erinnerung an zu Hause dienen kann. Wenn Sie nach draußen treten, tauchen Sie ein in das fröhliche Zwitschern der Vögel, die den Morgen begrüßen oder ihre abendlichen Schlaflieder singen. Ihre Melodien können Ihren Geist erheben und Sie mit der Natur verbinden.

Und vergiss nicht den Klang deines eigenen Atems; Während du ein- und ausatmest, konzentriere dich auf den sanften Rhythmus, den er erzeugt, eine beruhigende Erinnerung an deine Vitalität und Präsenz in diesem Moment.

Gerüche haben eine unglaubliche Kraft, Erinnerungen und Emotionen hervorzurufen, was sie zu einem wunderbaren Weg der Achtsamkeit macht. Stellen Sie sich vor, Sie brühen eine frische Tasse Kaffee; Während das Aroma durch die Luft weht, nehmen Sie sich einen Moment Zeit, um den reichhaltigen Duft zu genießen, bevor Sie den ersten Schluck nehmen. Alternativ kann das Anzünden einer Duftkerze Ihren Raum verändern; Lassen Sie sich von seinem Duft umhüllen, egal ob es sich um beruhigenden Lavendel oder belebende Zitrusfrüchte handelt. Wenn Sie nach einem Regenschauer im Freien sind, atmen Sie tief durch und genießen Sie die Frische eines regennassen Gartens. Dieser erdige Duft kann unglaublich erdend und revitalisierend sein.

Wenn es um Geschmack geht, macht es so viel Freude, Aromen achtsam zu erkunden. Erwäge, dir ein Stück Kaugummi in den Mund zu stecken; Konzentriere dich auf seine Süße, wenn er hervorbricht und wie er sich mit jedem Kauen verändert. Oder vielleicht beißen Sie in ein Stück Obst – achten Sie auf die Saftigkeit und Süße, die Ihre Sinne bei jedem Bissen überflutet. Wenn Sie abenteuerlustig sind, gönnen Sie sich dunkle Schokolade; Lassen Sie sich von seiner reichen Bitterkeit verwöhnen, die langsam auf der Zunge zergeht, und genießen Sie jede Nuance des Geschmacks.

Empfindungen erinnern uns an unsere physische Präsenz in der Welt um uns herum. Spüren Sie, wie Sie mit den Füßen fest auf dem Boden stehen; Achte darauf, wie diese Verbindung dich erdet und für Stabilität sorgt. Achten Sie im Laufe des Tages auf die Beschaffenheit Ihrer Kleidung auf Ihrer Haut – vielleicht ist es weiche Baumwolle oder kuschelige Wolle – und darauf, wie Sie sich dadurch wohl oder energiegeladen fühlen. Wenn Sie eine warme Tasse in Ihren Händen halten, nehmen Sie sich einen Moment Zeit, um die Wärme zu genießen, die sich durch Ihre Handflächen und Finger ausbreitet. Es ist ein einfaches Vergnügen, das Trost und Freude bringen kann.

Wenn du diese sensorischen Erfahrungen erkundest, denke daran, dass Achtsamkeit etwas Persönliches ist. Jeder Mensch kann feststellen, dass verschiedene Elemente tiefer mit ihm in Resonanz gehen. Nehmen Sie sich also Zeit – wandern Sie mit Neugier und Offenheit durch Ihre Umgebung und entdecken Sie, was Ihre Sinne erfreut und Sie in den gegenwärtigen Moment bringt. Nehmen Sie diese Entdeckungsreise an; Es geht darum, herauszufinden, was für dich am besten funktioniert, und diese Momente der Verbundenheit mit dir selbst und der Welt um dich herum zu feiern.

## Tipps zur Anpassung dieser Technik an verschiedene Situationen.

Die 5-4-3-2-1-Technik ist eine wunderbar anpassungsfähige Achtsamkeitsübung, die auf verschiedene Situationen zugeschnitten werden kann und dir hilft, dich zu erden und ein Gefühl der Ruhe wiederzuerlangen. Schauen wir uns an, wie Sie diese Technik an verschiedene Umgebungen anpassen können, egal ob Sie sich bei der Arbeit, an einem belebten öffentlichen Ort oder sogar mit einer Panikattacke auseinandersetzen.

Bei der Arbeit kann sich das Büro manchmal überwältigend anfühlen, gefüllt mit Terminen und Ablenkungen. Um die 5-4-3-2-1-Technik hier umzusetzen, beginnen Sie damit, fünf Dinge zu identifizieren, die Sie um sich herum sehen können. Das können die Muster auf deinem Schreibtisch sein, die Farbe der Hemden deiner Kollegen oder der Blick aus dem Fenster. Konzentriere dich als Nächstes auf vier Dinge, die du berühren kannst – vielleicht die Kühle deiner Tastatur, die Textur deines Stuhls oder sogar die Wärme deiner Kaffeetasse. Hören Sie dann auf drei verschiedene Klänge; Vielleicht ist es das leise Brummen der Klimaanlage, das Geschwätz von Kollegen oder das Tippen der Finger auf Tastaturen. Betrachten Sie für zwei Gerüche den Duft Ihres Mittagessens oder den Duft von frisch gebrühtem Kaffee, der aus dem Pausenraum weht. Nehmen Sie sich zum Schluss einen Moment Zeit, um eine Sache anzuerkennen, die Sie schmecken können – vielleicht ist es ein anhaltender Geschmack vom Frühstück oder einfach der erfrischende Geschmack von Wasser. Dieser strukturierte Ansatz hilft Ihnen, Ihren Fokus neu zu lenken und ein Gefühl der Stabilität inmitten eines geschäftigen Arbeitstages zu schaffen.

An einem öffentlichen Ort, wie z. B. einem überfüllten Café oder Park, könnten Sie sich von dem Lärm und der Aktivität um Sie herum überwältigt fühlen. Auch hier kannst du dich mit der 5-4-3-2-1-Technik auseinandersetzen, indem du deine Umgebung kreativ nutzt. Beginnen Sie damit, fünf Dinge zu beobachten, die Sie sehen können; Vielleicht sind es Menschen, die vorbeigehen, bunte Dekorationen an Wänden oder sogar

Tiere, die in der Nähe spielen. Wenn physische Gegenstände aufgrund von Bewegung begrenzt oder schwer zu identifizieren sind, können Sie stattdessen mentale Bilder verwenden – visualisieren Sie fünf verschiedene Farben oder Formen, die für Sie Ruhe repräsentieren. Konzentrieren Sie sich als Nächstes auf vier Dinge, die Sie berühren können; Das kann der Stoff Ihrer Kleidung oder die Coolness einer Metallbank sein. Wenn äußere Reize begrenzt sind, wende dich nach innen und konzentriere dich auf innere Empfindungen – wie zum Beispiel, wie sich dein Herz anfühlt, wenn es gleichmäßig in deiner Brust schlägt. Achten Sie auf Geräusche in dieser lebhaften Umgebung, achten Sie auf drei verschiedene Geräusche. Vielleicht ist es das Lachen von den Tischen in der Nähe, leise Musik im Hintergrund oder sogar das Rascheln der Blätter im Wind. Wenn es um Gerüche geht, denken Sie an zwei Aromen, die Trost spenden – vielleicht stellen Sie sich frisches Brot oder blühende Blumen in der Nähe vor. Erkennen Sie schließlich einen Geschmack an; Wenn Sie ein Getränk dabei haben, genießen Sie seinen Geschmack bewusst oder erinnern Sie sich an ein Lieblingsessen, das Ihnen Freude bereitet.

In Momenten erhöhter Angstzustände oder Panikattacken wird die Adaption dieser Technik noch wichtiger. In solchen Fällen, in denen sich äußere Reize überwältigend oder unzugänglich anfühlen, kann die Konzentration auf innere Empfindungen eine erhebliche Erleichterung bringen. Beginne mit fünf inneren Empfindungen – achte darauf, wie sich deine Füße auf dem Boden anfühlen oder wie sich deine Brust bei jedem Atemzug hebt und senkt. Sie können sich auch darauf konzentrieren, wie sich Anspannung in verschiedenen Bereichen Ihres Körpers anfühlt. Vielleicht ist da eine

Verspannung in deinen Schultern oder Wärme in deinen Händen. Gehen Sie zu vier Emotionen über, die aufkommen; Erkennen Sie Gefühle wie Angst, Furcht, Gelassenheit oder Hoffnung an, ohne zu urteilen. Identifiziere dann drei Gedanken, die dir in den Sinn kommen; Das können Sorgen um die Zukunft sein oder Erinnerungen an vergangene Erfolge, die dich in der Realität verankern. Für zwei Affirmationen, die mit dir in Resonanz gehen – wie "Ich bin sicher" oder "Dieses Gefühl wird vorübergehen" – wiederhole sie sanft als Mantras für dich selbst. Konzentrieren Sie sich schließlich auf eine positive Erinnerung, die Trost spendet; Vielleicht ist es ein geschätzter Moment, den Sie mit Ihren Lieben verbracht haben, oder eine Errungenschaft, die Sie mit Stolz erfüllt.

Das Schöne an der 5-4-3-2-1-Technik liegt in ihrer Flexibilität und Anpassungsfähigkeit an verschiedene Kontexte. Egal, ob Sie bei der Arbeit mit Terminen und Ablenkungen zu kämpfen haben oder in der Öffentlichkeit von Lärm und Bewegung umgeben sind – oder sogar mit Momenten der Angst konfrontiert sind – es bleibt ein mächtiges Werkzeug, um sich zu erden und Achtsamkeit zu fördern. Nehmen Sie diese Vielseitigkeit an und erlauben Sie sich zu erforschen, was in jeder einzigartigen Situation am meisten mit Ihnen in Resonanz steht; Es geht darum, das zu finden, was dich zurück in die Mitte bringt und dir hilft, den Frieden in dir selbst zu kultivieren.

# Body-Scan-Meditation

Die Bodyscan-Meditation ist eine schöne Möglichkeit, das Bewusstsein für Ihren Körper zu kultivieren und alle Spannungen zu lösen, die Sie möglicherweise haben. Es lädt Sie ein, sich tief mit sich selbst zu verbinden, und fördert Entspannung und Achtsamkeit. Lassen Sie uns eine Schritt-für-Schritt-Anleitung durchgehen, die Ihnen hilft, sich auf diese beruhigende Reise zu begeben.

Beginnen Sie damit, eine bequeme Position zu finden, indem Sie sich entweder auf den Rücken legen oder mit den Füßen flach auf dem Boden auf einem Stuhl sitzen. Wenn Sie sich hinlegen, lassen Sie Ihre Arme sanft an den Seiten ruhen oder legen Sie sie auf Ihren Bauch. Wenn du sitzt, halte deinen Rücken gerade, aber entspannt und lass deine Schultern von deinen Ohren wegfallen. Sobald du dich in deiner Position niedergelassen hast, schließe sanft die Augen. Diese einfache Maßnahme kann dazu beitragen, Ablenkungen zu minimieren und ein Gefühl der inneren Konzentration zu schaffen.

Atmen Sie nun tief durch die Nase ein und lassen Sie Ihren Bauch anheben, während Sie Ihre Lungen mit Luft füllen. Halten Sie den Atem nur für einen Moment an und atmen Sie dann langsam durch den Mund aus, um jegliche Anspannung oder Stress loszulassen, die Sie möglicherweise mit sich herumtragen. Wiederhole dieses tiefe Atmen noch zwei weitere Male – atme tief ein, halte es einen Moment lang an und atme dann vollständig aus. Mit jedem Atemzug spüre, wie du in diesem Moment geerdeter und präsenter wirst.

Während du dich in diesem Raum niederlässt, richte deine Aufmerksamkeit auf deine Zehen. Achte auf Empfindungen – vielleicht Wärme, Kribbeln oder sogar Enge. Wenn du Unbehagen oder Anspannung verspürst, stelle dir vor, in diesen Bereich zu atmen. Atme tief ein und stelle dir vor, wie der Atem in deine Zehen fließt, und während du ausatmest, stelle dir vor, wie diese Spannung wie Eis unter der Sonne dahinschmilzt. Verbringen Sie hier einen Moment, bevor Sie Ihr Bewusstsein sanft zu den Fußsohlen hinaufbewegen. Erkennen Sie an, wie sie sich an der Oberfläche unter Ihnen anfühlen.

Verlagere als Nächstes deinen Fokus auf die Oberseite deiner Füße und Knöchel. Bemerken Sie irgendwelche Empfindungen – sind sie entspannt oder angespannt? Atmen Sie auch hier in alle Bereiche ein, in denen Sie sich verspannt oder unwohl fühlen. Lassen Sie jedes Ausatmen alle verbleibenden Spannungen wegnehmen, während Sie diesen Prozess durch die Fußgewölbe und in Ihre Fersen fortsetzen.

Richte nun deine Aufmerksamkeit auf deine Waden. Beobachte, wie sie sich fühlen; Sind sie schwer oder leicht? Gibt es Bereiche, die sich besonders eng anfühlen? Atmen Sie in diese Empfindungen hinein und erlauben Sie sich, mit jedem Ausatmen jegliches Unbehagen loszulassen. Bewege dich zu deinen Knien und Oberschenkeln und achte darauf, wie sie sich mit dem Boden oder dem Stuhl verbinden. Nehmen Sie sich hier einen Moment Zeit, um die Stärke dieser Muskeln zu schätzen, die Sie unterstützen.

Wenn du weiter nach oben gehst, richte dein Bewusstsein auf deine Hüften und dein Becken. Dieser Bereich birgt oft Stress und Anspannung; Während du tief atmest, visualisiere, wie du Wärme und Entspannung in diese Muskeln sendest. Lass die Enge beim Ausatmen nachlassen.

Konzentriere dich nun auf deinen unteren Rücken und Bauch. Achte darauf, wie sie sich beim Atmen anfühlen; Steigt und fällt der Atem in diesen Bereichen? Wenn du dich unwohl fühlst oder dich angespannt fühlst, atme sanft hinein und erlaube jedem Ausatmen, diese Enge zu lösen. Verlagere deine Aufmerksamkeit nun auf deinen oberen Rücken und deine Schultern. Diese Bereiche können oft mit erheblichem Stress aus dem täglichen Leben verbunden sein. Während du tief einatmest, stelle dir vor, wie du diesen Raum mit Wärme und Licht füllst; Lassen Sie beim Ausatmen alle Lasten los, an denen Sie festhalten.

Bringen Sie jetzt Bewusstsein in Ihren Nacken; Achte darauf, wie es sich anfühlt, wenn es deinen Kopf stützt. Wenn es hier irgendwelche Spannungen gibt – vielleicht durch das Betrachten von Bildschirmen oder das Halten von Stress – atmen Sie voll und ganz hinein. Mit jedem Ausatmen kannst du diese Anspannung aus deinem Körper fließen lassen.

Konzentriere dich nun auf deine Kiefer- und Gesichtsmuskulatur. Achten Sie darauf, ob Sie in diesen Bereichen Spannungen anspannen oder halten. Dann atmen Sie tief ein und entspannen Sie diese Muskeln bewusst beim Ausatmen. Lassen Sie das Gefühl der Entspannung über Ihr Gesicht huschen – machen Sie die Stirn weich, entspannen Sie die Augen und lösen Sie alle Engegefühle um den Mund.

Bringen Sie schließlich das Bewusstsein auf den Scheitel Ihres Kopfes. Spüren Sie die Verbindung zwischen diesem Bereich und dem Rest Ihres Körpers; Nehmen Sie sich einen Moment Zeit, um zu verstehen, wie jedes Teil miteinander verbunden ist. Während du ein letztes Mal einatmest, visualisiere, wie du in Frieden und Ruhe von oben ziehst; Lassen Sie beim Ausatmen alles los, was Ihnen nicht mehr dient.

Nehmen Sie sich am Ende dieser Bodyscan-Meditation ein paar Augenblicke Zeit, um einfach wieder tief durchzuatmen – atmen Sie Frieden und Ruhe ein, während Sie Anspannung und Stress ausatmen. Wenn du bereit bist, wackle sanft mit deinen Fingern und Zehen, bevor du langsam die Augen öffnest.

Fühlen Sie sich frei, Schlüsselsätze während dieser Meditation zu verwenden, um zusätzliche Unterstützung zu erhalten: "Ich atme entspannt ein", "Ich löse Spannungen", "Ich bin in meinem Körper präsent" oder "Ich ehre meine Gefühle". Diese Affirmationen können die Erfahrung vertiefen und die Selbstwahrnehmung während der gesamten Praxis verbessern.

Denken Sie daran, dass die Bodyscan-Meditation eine persönliche Reise ist; Es ist völlig in Ordnung, wenn bestimmte Empfindungen auftreten oder wenn sich einige Bereiche angespannter anfühlen als andere. Das Ziel ist nicht, irgendetwas zu verändern, sondern einfach nur mit Freundlichkeit und Neugier zu beobachten. Nehmen Sie diese Praxis als eine Gelegenheit zur Selbstfürsorge und Verbindung mit sich selbst an!

# VORTEILE DER BODY-SCAN-MEDITATION ZUR ERDUNG UND ENTSPANNUNG.

Die Body-Scan-Meditation ist eine kraftvolle Praxis, die eine Vielzahl von Vorteilen bietet und damit eine wertvolle Ergänzung zur Selbstfürsorge eines jeden ist. Einer der unmittelbarsten Vorteile ist seine Fähigkeit, **Stress abzubauen**. In unserem schnelllebigen Leben finden wir uns oft in einem Wirbelsturm von Gedanken und Verantwortlichkeiten wieder, der zu Gefühlen der Überforderung führen kann. Indem sie sich auf verschiedene Teile des Körpers konzentriert, hilft die Body-Scan-Meditation, unsere Aufmerksamkeit vom Chaos des täglichen Lebens auf die einfachen Empfindungen in uns umzulenken. Diese Verschiebung hat eine beruhigende Wirkung, die es uns ermöglicht, die Seele baumeln zu lassen und aufgebaute Spannungen abzubauen.

Ein weiterer wesentlicher Vorteil dieser Praxis ist die Verbesserung des **Körperbewusstseins**. Viele von uns bewegen sich getrennt von unserem physischen Selbst durch das Leben und ignorieren oft die Signale, die unser Körper uns über Unbehagen oder Stress sendet. Die Body-Scan-Meditation ermutigt Sie, sich auf Ihren Körper einzustimmen und auf ihn zu hören, und fördert ein tieferes Verständnis dafür, wo Sie möglicherweise Anspannung haben oder Unbehagen empfinden. Dieses erhöhte Bewusstsein kann zu achtsameren Entscheidungen bei täglichen Aktivitäten führen, z. B. wie wir an unserem Schreibtisch sitzen oder wie wir Stress auf unseren Schultern tragen.

Die Praxis fördert auch **die Entspannung**. Indem du dich systematisch auf jeden Teil deines Körpers konzentrierst, schaffst du eine Möglichkeit, Spannungen bewusst zu lösen. Das Atmen in Bereiche, die sich angespannt anfühlen, und sie weich werden zu lassen, kann zu einer tiefen Entspannung führen. Das fühlt sich nicht nur im Moment gut an, sondern kann auch dazu beitragen, die Schlafqualität insgesamt zu verbessern. Viele Praktizierende berichten, dass regelmäßige Bodyscan-Meditation zu besseren Schlafmustern führt, da die Praxis einen Zustand der Ruhe fördert, der sich bis in den Abend hinein fortsetzen kann.

Auf psychologischer Ebene hat sich gezeigt, dass die Body-Scan-Meditation Ängste signifikant reduziert. Indem du dich im gegenwärtigen Moment erdest und dich auf körperliche Empfindungen konzentrierst, anstatt Gedanken über die Vergangenheit oder Zukunft zu drehen, kannst du den Kreislauf des ängstlichen Denkens durchbrechen. Diese Achtsamkeitspraxis aktiviert das parasympathische Nervensystem – den Teil, der für Ruhe und Verdauung verantwortlich ist – und hilft, Ihren Geist und Körper in stressigen Momenten zu beruhigen.

Physiologisch gesehen kann die Teilnahme an der Body-Scan-Meditation zu einem verbesserten **allgemeinen Wohlbefinden führen**. Die Forschung zeigt, dass Achtsamkeitspraktiken wie diese den Blutdruck senken, chronische Schmerzen lindern und sogar die Immunfunktion verbessern können. Durch die

Förderung einer Körper-Geist-Verbindung werden Sie sich nicht nur bewusster, wie sich Stress auf Ihren Körper auswirkt, sondern lernen auch Techniken, um ihn effektiv zu bewältigen.

Erdung ist ein weiterer wichtiger Aspekt der Body-Scan-Meditation. Indem du die Aufmerksamkeit wieder auf deinen physischen Körper lenkst und dich im gegenwärtigen Moment verankerst, kultivierst du ein Gefühl von Stabilität und Sicherheit. Dieser Erdungseffekt ist besonders vorteilhaft, wenn sich das Leben chaotisch oder überwältigend anfühlt; Es dient als Erinnerung daran, dass du hier bist, in diesem Moment, voll unterstützt von deiner Umgebung.

Die Einbeziehung der Body-Scan-Meditation in Ihre Routine kann transformativ sein. Es geht nicht nur darum, Entspannung zu erreichen oder Ängste abzubauen; Es geht darum, eine tiefere Verbindung zu sich selbst aufzubauen und ein kontinuierliches Bewusstsein für Ihre Gefühle und Empfindungen zu fördern. Jedes Mal, wenn Sie üben, unternehmen Sie nicht nur Schritte in Richtung sofortiger Linderung, sondern fördern auch langfristige gesundheitliche Vorteile, die zu Ihrem allgemeinen Wohlbefinden beitragen. Wenn du diese Technik erkundest, denke daran, dass es um die Reise geht – jeden Moment so zu umarmen, wie er kommt, und dir die Gnade zu erlauben, einfach zu sein.

# Tipps zum Umgang mit unangenehmen Empfindungen während des Bodyscans

Unangenehme Empfindungen während eines Körperscans zu erleben, kann eine Herausforderung sein, aber es ist ein wesentlicher Bestandteil der Achtsamkeitsreise. Hier sind einige praktische Strategien, die Ihnen helfen, mit diesen Empfindungen mit Anmut und Mitgefühl umzugehen.

## Nehmen Sie eine nicht wertende Haltung an

In erster Linie ist es wichtig, jedem Unbehagen mit einer nicht wertenden Denkweise zu begegnen. Anstatt Empfindungen als "gut" oder "schlecht" zu bezeichnen, versuchen Sie, sie einfach als Teil Ihrer Erfahrung anzuerkennen. Dieser Perspektivwechsel kann unglaublich befreiend sein.

- **Üben Sie Bewusstsein**: Wenn Unbehagen aufkommt, nehmen Sie sich einen Moment Zeit, um es zu bemerken, ohne zu reagieren. Beobachte einfach das Gefühl, als würdest du Wolken am Himmel vorbeiziehen sehen — da, aber nicht dauerhaft.

## Quittieren ohne zu reagieren

Wenn du dich unwohl fühlst, erkenne seine Gegenwart an, ohne den Drang zu haben, es sofort zu ändern. Diese Anerkennung kann Raum für Akzeptanz schaffen.

- **Benenne die Empfindung**: Benenne im Stillen, was du fühlst – "Enge", "Druck" oder "Kribbeln". Diese einfache Handlung kann Ihnen helfen, sich von der Empfindung zu lösen und ihre Intensität zu reduzieren.

## Visualisierungstechniken

Visualisieren kann ein mächtiges Werkzeug sein, um mit Beschwerden während Ihrer Praxis umzugehen. Hier sind ein paar Techniken, die Sie ausprobieren können:

- **Auflösende Visualisierung**: Stellen Sie sich das unangenehme Gefühl als ein festes Objekt vor – vielleicht einen Stein oder einen Knoten. Stellen Sie sich vor, wie es sich langsam in warmes Licht auflöst oder wie Eis in der Sonne dahinschmilzt. Diese Bilder können dazu beitragen, das Gefühl zu mildern und es weniger entmutigend wirken zu lassen.
- **Licht atmen**: Während du einatmest, visualisiere, wie du beruhigendes Licht einziehst, das deinen Körper erfüllt. Stellen Sie sich beim Ausatmen vor, wie Sie jegliches Unbehagen oder Anspannung lösen. Diese Technik hilft nicht nur, die Empfindungen zu kontrollieren, sondern fördert auch die Entspannung.

## Affirmationen verwenden

Positive Affirmationen können in Momenten des Unbehagens unglaublich unterstützend sein. Sie dienen als sanfte Erinnerung daran, dass Sie sicher und in der Lage sind, mit allem umzugehen, was auftaucht.

- **Einfache Affirmationen**: Versuchen Sie, Sätze wie "Ich bin in Sicherheit", "Auch das wird vorübergehen" oder "Ich begrüße diese Empfindung mit Mitgefühl" zu wiederholen. Du kannst diese leise in deinem Kopf oder laut sagen, wenn sich das angenehm anfühlt.

## Selbstmitgefühl kultivieren

Selbstmitgefühl ist der Schlüssel, wenn es darum geht, unangenehme Empfindungen zu bewältigen. Denken Sie daran, dass es völlig normal ist, während der Achtsamkeitspraxis Unbehagen zu empfinden; Sie sind nicht allein auf dieser Reise.

- **Seien Sie sanft zu sich selbst**: Wenn Sie sich frustriert oder überfordert fühlen, nehmen Sie sich einen Moment Zeit, um anzuerkennen, dass dies Teil des Menschseins ist. Behandle dich selbst mit der gleichen Freundlichkeit, die du einem Freund in einer ähnlichen Situation entgegenbringen würdest.

## Üben Sie sich in Geduld

Zu guter Letzt ist Geduld bei dieser Praxis unerlässlich. So wie Empfindungen kommen und gehen, werden auch deine Gefühle ihnen gegenüber kommen.

- **Erlauben Sie sich Zeit**: Geben Sie sich die Erlaubnis, ein paar Augenblicke länger mit Unbehagen zu sitzen, als Sie es normalerweise tun würden. Oft kann das bloße Zulassen von Raum für die Empfindung dazu führen, dass ihre natürliche Ebbe verschwindet.

Indem Sie diese Strategien in Ihre Body-Scan-Praxis integrieren, werden Sie eine unterstützende und nährendere Umgebung für sich selbst schaffen. Denken Sie daran, dass jede Erfahrung eine Gelegenheit für Wachstum und Verständnis ist.

# Tiefenatmungsübungen

Tiefes Atmen ist mehr als nur ein einfacher Akt des Ein- und Ausatmens; Es ist ein mächtiges physiologisches Instrument, das unser Nervensystem und unser allgemeines Wohlbefinden erheblich beeinflussen kann. Wenn wir uns mit tiefer Atmung beschäftigen, insbesondere mit Techniken wie der Zwerchfellatmung, aktivieren wir das parasympathische Nervensystem, das oft als "Ruhe- und Verdauungssystem" bezeichnet wird. Diese Aktivierung ist von entscheidender Bedeutung, da sie dem sympathischen Nervensystem entgegenwirkt, das für unsere Kampf-oder-Flucht-Reaktion verantwortlich ist. Indem wir uns auf tiefe, kontrollierte Atemzüge konzentrieren, können wir unseren Körper von einem Zustand des Stresses und der Angst in einen Zustand der Ruhe und Entspannung versetzen.

Wenn wir tiefer atmen, stimulieren wir den Vagusnerv, der eine wichtige Rolle bei der Regulierung der Herzfrequenz und der Förderung der Entspannung spielt. Diese Stimulation führt zu einer Abnahme der Herzfrequenz und einer Senkung des Blutdrucks. Untersuchungen haben gezeigt, dass regelmäßiges Üben von tiefem Atmen zu einer signifikanten Senkung des systolischen und diastolischen Blutdrucks führen kann. So zeigte eine Metaanalyse, die zahlreiche Studien umfasste, dass tiefe Atemübungen den systolischen Blutdruck um durchschnittlich 6 mmHg und den diastolischen Druck um 3 bis 6 mmHg im Laufe der Zeit senken können, vergleichbar mit anderen nicht-pharmakologischen Interventionen wie Ernährungsumstellungen oder Aerobic-Übungen. Darüber hinaus hilft tiefes Atmen, den Cortisolspiegel, das wichtigste Stresshormon des Körpers, zu senken. Erhöhte Cortisolspiegel werden mit verschiedenen Gesundheitsproblemen in Verbindung gebracht, darunter Angstzustände, Depressionen und Herz-Kreislauf-Erkrankungen. Durch bewusste Atemübungen können wir den Cortisolspiegel effektiv senken und diese negativen Auswirkungen abmildern. Studien haben gezeigt, dass Personen, die regelmäßig tiefes Atmen üben, von geringeren Angst- und Stressgefühlen berichten.

In der Praxis sind Techniken wie die Atemmethode "4-7-8" ein Beispiel dafür, wie strukturierte Atemmuster die Entspannung fördern können. Bei dieser Technik atmet man viermal ein, hält den Atem sieben Mal an und atmet acht Mal langsam aus. Dieses rhythmische Muster fördert nicht nur die Achtsamkeit, sondern auch physiologische Veränderungen, die die Entspannung unterstützen. Die Konzentration auf die Atemkontrolle lenkt die Aufmerksamkeit von Stressfaktoren ab und fördert ein Gefühl der Ruhe.

Die Vorteile gehen über die unmittelbare Entspannung hinaus. Sie können auch die langfristige psychische Gesundheit verbessern. Chronischer Stress führt oft zu erhöhten Angstzuständen oder depressiven Symptomen, aber es hat sich gezeigt, dass konsequentes Üben von tiefem Atmen diese Zustände im Laufe der Zeit lindert. Eine Studie ergab beispielsweise, dass Teilnehmer, die regelmäßig tiefe Atemübungen machten, bereits nach wenigen Wochen eine signifikante Verringerung des Angstniveaus erlebten

. Zusätzlich zu diesen Vorteilen für die psychische Gesundheit verbessert tiefes Atmen die Sauerstoffversorgung im Körper. Wenn wir tief atmen, aktivieren wir unser Zwerchfell effektiver, was eine größere Lungenkapazität und einen verbesserten Sauerstoffaustausch ermöglicht. Diese erhöhte Sauerstoffversorgung versorgt nicht nur unsere Organe mit Energie, sondern unterstützt auch eine optimale Gehirnfunktion und ein optimales Energieniveau

# Achtsamkeit der Bewegung

Indem wir uns voll und ganz auf den gegenwärtigen Moment einlassen, können wir uns von den geistlosen, automatischen Verhaltensweisen befreien, die oft unsere Routinen dominieren. Diese Praxis lädt uns ein, uns der Feinheiten unserer körperlichen Erfahrung bewusst zu werden und eine tiefere Verbindung zwischen Körper und Geist zu fördern.

Stellen Sie sich vor, Sie stehen mit der Zahnbürste in der Hand am Waschbecken. Anstatt diese banale Aufgabe zu hetzen, nimm dir einen Moment Zeit, um zu bemerken, wie sich deine Füße auf dem Boden anfühlen. Sind sie fest verankert oder verschieben sie sich leicht, wenn Sie sich bewegen? Wenn du anfängst, deine Zähne zu putzen, achte auf das Gefühl der Borsten an deinem

Zahnfleisch und deinen Zähnen. Achte auf den Rhythmus deines Atems, während du arbeitest – vielleicht wird er langsamer und bewusster, oder vielleicht beschleunigt er sich vor Aufregung, während du dich auf diese einfache Handlung einlässt. Dieses Bewusstsein verwandelt das Zähneputzen von einer lästigen Pflicht in ein achtsames Ritual und stärkt Ihre Präsenz im Moment.

Das Geschirrspülen bietet eine weitere Möglichkeit zur Achtsamkeit. Während Sie an der Spüle stehen, spüren Sie die Wärme des Wassers, das über Ihre Hände fließt. Achten Sie auf das Gewicht jedes Gerichts, während Sie Reste vergangener Mahlzeiten wegschrubben. Achten Sie auf die Geräusche – das Klirren von Tellern, das Plätschern von Wasser – während sie eine Symphonie des häuslichen Lebens erzeugen. Jede Bewegung kann eine Einladung sein, tief durchzuatmen und sich im Hier und Jetzt zu zentrieren. Lass deinen Geist von Ablenkungen abdriften und konzentriere dich ausschließlich auf diesen Akt der Reinigung und erlaube ihm, dich in der Gegenwart zu erden.

Auch der Gang zum Briefkasten kann zu einer achtsamen Praxis werden. Anstatt deine Gedanken zu Aufgaben oder Gedanken über den kommenden Tag schweifen zu lassen, lenke deine Aufmerksamkeit auf jeden Schritt, den du machst. Spüren Sie den Boden unter Ihren Füßen – die Beschaffenheit des Bürgersteigs oder des Grases – und achten Sie darauf, wie Ihre Beine Sie vorwärts treiben. Beobachte, wie deine Arme sanft an deinen Seiten schwingen und vielleicht eine leichte Brise auf deiner Haut spüren. Achten Sie beim Ein- und Ausatmen darauf, wie sich jeder Atemzug mit Ihren Bewegungen ausrichtet und einen harmonischen Rhythmus erzeugt, der Sie tief mit Ihrer Umgebung verbindet.

Ermutigen Sie sich in diesen Momenten – ob beim Zähneputzen, Geschirrspülen oder Spazierengehen – nicht nur darauf zu achten, was Sie tun, sondern auch, wie es sich anfühlt. Welche Empfindungen entstehen? Gibt es Verspannungen in Ihren Schultern, wenn Sie einen hartnäckigen Topf schrubben? Spüren Sie beim Gehen ein Gefühl von Leichtigkeit in Ihrem Schritt? Indem du dich auf diese körperlichen Erfahrungen einstimmst, kultivierst du ein Gefühl der Präsenz, das selbst die einfachsten Aktivitäten bereichert.

## Beispiele für achtsame Bewegungsaktivitäten wie Spazierengehen, Yoga oder Gartenarbeit.

Achtsamkeit lässt sich nahtlos in verschiedene Aktivitäten integrieren und verwandelt gewöhnliche Momente in tiefgreifende Erfahrungen von Präsenz und Bewusstsein. Eine dieser Aktivitäten ist das Spazierengehen, das eine schöne Gelegenheit bietet, sich mit der Umwelt und sich selbst zu verbinden. Beginnen Sie beim Gehen damit, Ihre Aufmerksamkeit voll und ganz auf die Empfindung jedes Schrittes zu richten. Spüren Sie das Gewicht Ihres Fußes, wenn er vom Boden abhebt, den Moment, in dem er in der Luft schwebt, und den sanften Aufprall, wenn er wieder auf die Erde trifft. Achten Sie auf die Beschaffenheit des Bodens unter Ihnen – sei es das weiche Nachgeben des Grases, die Kühle des Pflasters oder das Knirschen von Kies. Lassen Sie Ihren Atem mit Ihrer Bewegung synchronisieren; Atmen Sie tief ein, wenn Sie einen Schritt nach vorne machen, und atmen

Sie vollständig aus, wenn Ihr Fuß aufsetzt. Diese rhythmische Verbindung zwischen Atem und Bewegung erdet dich nicht nur im gegenwärtigen Moment, sondern kultiviert auch ein Gefühl von Ruhe und Klarheit.

Yoga ist eine weitere kraftvolle Praxis, die Achtsamkeit in unser tägliches Leben einlädt. Konzentriere dich beim Übergang durch verschiedene Posen auf die Ausrichtung deines Körpers. Achten Sie darauf, wie jeder Teil mit den anderen interagiert; Achte darauf, wie sich deine Wirbelsäule im herabschauenden Hund verlängert oder wie sich deine Hüften in der Kriegerpose öffnen. Spüren Sie den Fluss Ihres Atems, während er Ihre Bewegungen lenkt – atmen Sie ein, um sich auszudehnen, atmen Sie aus, um Spannungen zu lösen. Dieses bewusste Atmen verbessert Ihr Bewusstsein für Empfindungen in Ihren Muskeln und ermöglicht es Ihnen, sich auf Bereiche einzustimmen, die Stress oder Verspannungen aushalten können. Durch die Förderung dieser tiefen Verbindung zwischen Atem und Körper wird Yoga nicht nur zu einer körperlichen Praxis, sondern zu einer meditativen Reise, die Entspannung und geistige Klarheit fördert.

Die Gartenarbeit dient auch als reichhaltige Arena für Achtsamkeit und fördert eine tiefe Auseinandersetzung mit der Natur. Während du deine Hände in die Erde gräbst, achte genau auf ihre Textur – die Kühle auf deiner Haut, die Körner, die durch deine Finger gleiten. Achten Sie auf das erdige Aroma, das aufsteigt, wenn Sie den Schmutz umdrehen, ein Duft, der sowohl erdend als auch belebend ist. Wenn Sie sich um Pflanzen kümmern, beobachten Sie ihre Farben und Formen; Nehmen Sie die zarten Düfte auf, die sie verströmen, und wie sie sich im Laufe des Tages verändern. Spüren Sie den Rhythmus Ihrer Bewegungen, während Sie Samen pflanzen oder

Äste beschneiden; Jede Handlung wird zum Ausdruck von Fürsorge und Absicht. Dieses sensorische Eintauchen fördert ein tiefes Gefühl der Ruhe und Verbundenheit mit der Natur, reduziert Stress und steigert das allgemeine Wohlbefinden.

Sich achtsam an diesen Aktivitäten zu beteiligen, hilft uns nicht nur, uns zu erden, sondern kultiviert auch die Widerstandsfähigkeit gegen den Stress des Lebens. Indem wir uns auf unseren Atem, unsere Körperempfindungen und unsere Umgebung konzentrieren, schaffen wir ein Heiligtum in uns selbst, in dem wir inmitten des Chaos Trost finden können. Jeder achtsame Moment dient als Erinnerung daran, dass Frieden immer zugänglich ist, wenn wir uns dafür entscheiden, ihn durch unsere täglichen Handlungen zu umarmen.

## Die Vorteile der Achtsamkeit der Bewegung für die Erdung und den Stressabbau.

Achtsamkeit der Bewegung ist eine transformative Praxis, die körperliche Aktivität mit einem erhöhten Bewusstseinsgefühl verbindet und eine Vielzahl von Vorteilen für das geistige und emotionale Wohlbefinden bietet. Im Kern ermutigt dieser Ansatz den Einzelnen, sich auf eine Weise mit seinem Körper auseinanderzusetzen, die ein verbessertes Körperbewusstsein fördert. Wenn sich Menschen achtsam bewegen, beginnen sie, die Feinheiten ihrer körperlichen Empfindungen und Bewegungen wahrzunehmen, was zu einem tieferen Verständnis dafür führen kann, wie sich ihr Körper in verschiedenen Zuständen anfühlt. Dieses erhöhte Bewusstsein kann Muster von Anspannung oder Unbehagen beleuchten und es dem Einzelnen ermöglichen, diese Probleme proaktiv und nicht reaktiv anzugehen. Untersuchungen haben gezeigt, dass Teilnehmer an achtsamen Bewegungsprogrammen oft von einer signifikanten Verringerung negativer Emotionen berichten, wobei eine Studie einen Rückgang des Stressniveaus um bis zu 33 % nach nur acht Wochen Praxis zeigt.

Der Akt der achtsamen Bewegung dient auch als wirksames Gegenmittel gegen Stress. In unserem schnelllebigen Leben, in dem der Geist oft vorausrast oder bei vergangenen Sorgen verweilt, lädt uns achtsame Bewegung ein, uns im gegenwärtigen Moment zu verankern. Indem wir uns auf den Rhythmus unseres Atems und die Empfindungen in unserem Körper konzentrieren, können wir einen mentalen Raum schaffen, der Entspannung und Befreiung von angesammelten Spannungen ermöglicht. Bewegende Meditationspraktiken wie Gehen oder sanftes Dehnen lenken die Aufmerksamkeit weg von den täglichen Ängsten und lassen uns in die Erfahrung eintauchen, gerade jetzt lebendig zu sein. Diese Umlenkung beruhigt nicht nur den Geist, sondern fördert auch die emotionale Gesundheit, indem sie unsere Fähigkeit verbessert, auf Gefühle zu reagieren, anstatt impulsiv zu reagieren.

Darüber hinaus ist die Achtsamkeit der Bewegung besonders vorteilhaft für die Bewältigung von Angstzuständen. Für viele Menschen, die mit ängstlichen Gedanken zu kämpfen haben, kann sich die traditionelle Sitzmeditation entmutigend oder sogar kontraproduktiv anfühlen. Achtsame Bewegung bietet einen alternativen

Weg zur Achtsamkeit, der für diejenigen, denen es schwerfällt, still zu sitzen, leichter zugänglich ist. Die Teilnahme an Aktivitäten wie Tai Chi oder Yoga ermöglicht es den Praktizierenden, sich auf ihre Bewegungen und ihre Atmung zu konzentrieren und gleichzeitig ein Gefühl der Ruhe zu kultivieren. Diese Praxis ermutigt dazu, präsent zu bleiben, anstatt sich in Spiralen der Sorge um die Zukunft oder des Grübelns über die Vergangenheit zu verlieren.

Persönliche Anekdoten über die beruhigende Wirkung achtsamer Bewegung gibt es zuhauf. Viele Menschen haben erzählt, wie die Integration von achtsamem Gehen in ihren Alltag ihnen geholfen hat, Stresssituationen anmutiger zu meistern. Eine Person beschrieb beispielsweise, dass sie an einem besonders herausfordernden Arbeitstag bewusste Schritte unternommen hat. Während sie sich auf jeden Schritt und ihren Atem konzentrierten, fühlten sie sich geerdeter und weniger von äußerem Druck überwältigt. Solche Erfahrungen zeigen, wie achtsame Bewegung sowohl als Bewältigungsmechanismus als auch als präventive Strategie gegen Angst dienen kann.

Wissenschaftliche Erkenntnisse stützen diese Beobachtungen zusätzlich. Studien zeigen, dass achtsame Bewegungspraktiken nicht nur Stress abbauen, sondern auch die allgemeine emotionale Widerstandsfähigkeit verbessern. Teilnehmer, die sich regelmäßig achtsam bewegten, berichteten nicht nur über ein geringeres Maß an Angstzuständen, sondern auch über eine verbesserte Stimmung und eine größere Lebenszufriedenheit im Laufe der Zeit. Die Integration von Körperbewusstsein und Achtsamkeit schafft eine einzigartige Synergie, die es dem Einzelnen ermöglicht, seine Emotionen effektiver zu steuern.

Im Wesentlichen fördert die Achtsamkeit der Bewegung eine bereicherte Verbindung zum gegenwärtigen Moment und fördert gleichzeitig ein Gefühl der Ruhe und Klarheit inmitten des Chaos des Lebens. Indem der Einzelne diese Praxis annimmt, kann er ein inneres Heiligtum kultivieren – eines, in dem Stress abnimmt, das Körperbewusstsein aufblüht und emotionales Wohlbefinden erreichbarer wird.

# Natur Verbindung

Zeit in der Natur zu verbringen, ist seit langem als wirksames Gegenmittel gegen den Stress des modernen Lebens anerkannt. Das Konzept des "Waldbadens" oder *Shinrin-yoku* entstand in Japan in den 1980er Jahren als Reaktion auf die zunehmenden gesundheitlichen Bedenken im Zusammenhang mit Urbanisierung und Technologie. Diese Praxis ermutigt den Einzelnen, in die Waldumgebung einzutauchen und alle fünf Sinne zu aktivieren, um eine tiefe Verbindung zur Natur zu fördern. Im Gegensatz zum traditionellen Wandern, bei dem oft körperliche Anstrengung im Vordergrund steht, betont das Waldbaden Achtsamkeit und Präsenz und ermöglicht es den Teilnehmern, die beruhigende Wirkung der Natur zu erleben. Die Vorteile des Waldbadens sind tiefgreifend und vielfältig. Die Forschung hat gezeigt, dass allein der Aufenthalt in einem Wald den Cortisolspiegel, das wichtigste Stresshormon des Körpers, erheblich senken kann. Eine Studie ergab, dass Teilnehmer, die im Wald badeten, eine Verringerung des Cortisolspiegels um bis zu 12,4 Prozent erlebten, verglichen mit denen, die in städtischen Umgebungen spazieren gingen. Diese Stressreduktion steigert nicht nur das emotionale Wohlbefinden, sondern trägt auch zu einer verbesserten körperlichen Gesundheit bei. Ein niedrigerer Cortisolspiegel ist mit einem verringerten Risiko für chronische Krankheiten wie Bluthochdruck und Herzerkrankungen verbunden, was zeigt, wie die Natur als Puffer gegen den Druck des täglichen Lebens wirkt. Neben dem Stressabbau wurde das Waldbaden mit einer verbesserten Stimmung und emotionalen Widerstandsfähigkeit in Verbindung gebracht. Die ruhige Umgebung des Waldes hilft dem Einzelnen, seinen Fokus von Ängsten und Sorgen auf die Sinneserfahrungen um ihn herum zu verlagern – das Rascheln der Blätter, den Duft von Tannennadeln und das gesprenkelte Sonnenlicht, das durch die Bäume dringt. Dieses sensorische Eintauchen fördert einen Zustand der Achtsamkeit, der Symptome von Angstzuständen und Depressionen lindern kann. Studien zeigen, dass sich die Teilnehmer nach dem Aufenthalt in den Bäumen entspannter, glücklicher und verbundener fühlen, wobei einige nach nur wenigen Tagen Waldkontakt eine Steigerung der kreativen Problemlösungsfähigkeiten um bis zu 50 % erlebten.

Darüber hinaus gehen die Vorteile des Waldbadens für die körperliche Gesundheit über das psychische Wohlbefinden hinaus. Die Bäume setzen Phytoncide frei – natürliche ätherische Öle mit antimikrobiellen Eigenschaften –, die die Immunfunktion verbessern können. Untersuchungen haben gezeigt, dass der Aufenthalt in Wäldern die Aktivität natürlicher Killerzellen erhöht, die eine entscheidende Rolle bei der Bekämpfung von Viren und Krebszellen spielen. Dieser Immunschub kann nach einem einzigen Besuch in einem

Waldgebiet noch Wochen anhalten und zeigt, wie die Natur nicht nur unseren Geist nährt, sondern auch unseren Körper stärkt.

Die erholsame Wirkung der Natur wird durch ihre Fähigkeit, die Aufmerksamkeit und die kognitive Funktion zu verbessern, noch verstärkt. In unserer schnelllebigen Welt voller digitaler Ablenkungen bietet das Betreten eines Waldes die Möglichkeit, sich geistig zu verjüngen. Die Auseinandersetzung mit der Natur ermöglicht es unserem Geist, sich neu zu setzen, geistige Ermüdung zu reduzieren und die Konzentration zu verbessern. Dieses Phänomen ähnelt einer Form der natürlichen Therapie, die uns einlädt, langsamer zu werden und uns wieder mit unserer Umgebung zu verbinden.

Waldbaden ist mehr als nur ein gemütlicher Spaziergang. Es ist eine Einladung, eine tiefere Beziehung zur Natur und zu uns selbst zu pflegen. Während wir uns durch die Komplexität des Lebens navigieren, kann es eine wichtige Übung sein, sich Zeit zu nehmen, um in die Natur einzutauchen, um das Gleichgewicht und das Wohlbefinden zu erhalten. Sei es durch geführte Sitzungen, die von ausgebildeten Therapeuten geleitet werden, oder einfach nur durch die Suche nach Trost in einem nahe gelegenen Park, die heilende Kraft der Natur bietet einen zugänglichen Weg zu einer verbesserten geistigen und emotionalen Gesundheit.

## Verbindung mit der Natur

Die Verbindung zur Natur ist eine der bereicherndsten Erfahrungen, die wir machen können, und es gibt unzählige Möglichkeiten, in die Schönheit und

Ruhe einzutauchen, die die Natur bietet. Stellen Sie sich vor, Sie betreten einen nahe gelegenen Park, in dem die Sonne durch die Blätter dringt und verspielte Schatten auf den Boden wirft. Während Sie auf den verschlungenen Pfaden spazieren gehen, nehmen Sie sich einen Moment Zeit, um innezuhalten und Ihre Umgebung wirklich in sich aufzunehmen. Lauschen Sie dem sanften Rascheln der Blätter im Wind, dem fröhlichen Zwitschern der Vögel, die von Ast zu Ast flitzen, und dem fernen Lachen spielender Kinder. Jeder Klang ist eine Erinnerung an das Leben, das überall um dich herum gedeiht, und lädt dich ein, ein Teil davon zu sein.

Einen ruhigen Platz an einem Gewässer zu finden, kann eine weitere reizvolle Möglichkeit sein, sich mit der Natur zu verbinden. Egal, ob es sich um einen ruhigen See, einen plätschernden Bach oder sogar die rhythmischen Wellen des Ozeans handelt, das Sitzen am Wasser hat eine beruhigende Wirkung, die selbst die geschäftigsten Gemüter beruhigen kann. Wenn Sie sich auf einem weichen Stück Gras oder einem glatten Felsen niederlassen, schließen Sie für einen Moment die Augen und konzentrieren Sie sich auf die Geräusche des Wassers, das an das Ufer plätschert oder über Steine fließt. Spüren Sie die kühle Brise auf Ihrer Haut und atmen Sie tief ein, während der frische Duft von nasser Erde und Wasserpflanzen Ihre Lungen erfüllt. Vielleicht bemerken Sie sogar winzige Wellen, die über die Oberfläche tanzen und das Sonnenlicht reflektieren wie Diamanten, die über eine blaue Leinwand verstreut sind.

Die Gartenarbeit bietet eine weitere tiefe Verbindung zur Natur, die es Ihnen ermöglicht, sich auf einer persönlichen Ebene mit ihr auseinanderzusetzen. Egal, ob Sie einen weitläufigen Garten oder nur ein paar Töpfe auf Ihrem Balkon haben, die Pflege von Pflanzen kann unglaublich lohnend sein. Wenn du deine Hände in fruchtbare Erde gräbst, bindest du dich physisch an die Erde, während die Pflege von Samen zu blühenden Blumen oder frischem Gemüse ein Gefühl von Verantwortung und Erfüllung fördert. Achten Sie bei der Arbeit auf die Texturen um Sie herum – die Rauheit der Rinde, die Weichheit der Blütenblätter und sogar das körnige Gefühl, wenn die Erde durch Ihre Finger gleitet. Die Düfte, die von Kräutern wie Basilikum oder Minze freigesetzt werden, können Sie an einen ganz anderen Ort versetzen, Erinnerungen hervorrufen und Freude entfachen.

Die Vogelbeobachtung ist eine weitere faszinierende Möglichkeit, sich mit der Natur auseinanderzusetzen, die zu Geduld und Beobachtung einlädt. Schnappen Sie sich einen bequemen Stuhl oder eine Decke und suchen Sie sich ein ruhiges Plätzchen, an dem gefiederte Freunde wahrscheinlich zu Besuch sind – vielleicht in der Nähe von Bäumen oder Futterhäuschen in Ihrem Garten. Bringen Sie ein Fernglas mit, wenn Sie eines haben, und notieren Sie sich deren Farben, Größen und Verhaltensweisen. Vielleicht werden Sie Zeuge, wie ein fleißiger Specht auf einen Baumstamm einhämmert, oder ein anmutiger Falke, der über Ihnen hinweggleitet. Erlaube dir, in diesen Momenten ganz präsent zu sein; Hören Sie auf ihre Rufe und Lieder, die von melodischen Melodien bis hin zu scharfem Zirpen reichen können. Jede Sichtung wird zu einer aufregenden Schatzsuche, bei der Sie mehr über verschiedene Arten und ihre einzigartigen Gewohnheiten erfahren.

Eine weitere reizvolle Aktivität ist das Sammeln von Blättern im Herbst, wenn sie sich in leuchtende Rot-, Orange- und Gelbtöne verwandeln. Machen Sie einen gemütlichen Spaziergang durch Ihre Nachbarschaft oder

Ihren örtlichen Park mit einem Auge für interessante Formen und Farben. Wenn Du Blätter sammelst, solltest Du auf ihre Textur achten – einige können glatt sein, während andere zerknittert oder samtig sind. Wenn du nach Hause kommst, breite sie auf einem Tisch aus und bewundere ihre Schönheit; Vielleicht schiebe sie sogar zwischen die Seiten eines dicken Buches für zukünftige Bastelprojekte. Dieser einfache Akt verbindet Sie nicht nur mit der Natur, sondern entfacht auch die Kreativität, wenn Sie darüber nachdenken, wie diese Naturschätze in Kunst oder Dekoration integriert werden können.

Einfach unter einem Baum zu sitzen, kann eine der friedlichsten Freuden des Lebens sein. Suchen Sie sich Ihren Lieblingsbaum – vielleicht einen mit ausladenden Ästen, die viel Schatten spenden – und machen Sie es sich an seinem Fuß bequem. Lehnen Sie sich gegen den robusten Stamm zurück und lassen Sie Ihre Gedanken schweifen, während Sie den Blick auf das Blätterdach über Ihnen schweifen lassen. Achte darauf, wie das Sonnenlicht in gesprenkelten Mustern durch die Blätter auf deiner Haut dringt, während du dem Flüstern der Äste lauschst, die sich sanft im Wind wiegen. Dieser Moment ermöglicht Reflexion und Achtsamkeit; Es ist eine Gelegenheit, sich von der Technologie zu lösen und sich inmitten der Umarmung der Natur wieder mit sich selbst zu verbinden.

## Die Vorteile von Nature Connection zur Erdung und zum Abbau von Angstzuständen

Die Verbindung mit der Natur bietet eine Vielzahl von Vorteilen, die unser geistiges und emotionales Wohlbefinden erheblich steigern können. Der einfache Akt, nach draußen zu gehen, die Erde unter unseren

Füßen zu spüren und in die Natur einzutauchen, kann zu weniger Angstzuständen, einer verbesserten Stimmung und einem tiefen Gefühl des allgemeinen Wohlbefindens führen. Wissenschaftliche Untersuchungen haben gezeigt, dass der Aufenthalt in der Natur den Cortisolspiegel senken kann, das Hormon, das mit Stress in Verbindung gebracht wird, was wiederum dazu beiträgt, Angst- und Anspannungsgefühle zu lindern. Studien zeigen beispielsweise, dass Erdung – Barfußlaufen auf natürlichen Oberflächen – zu messbaren Verbesserungen des Stressniveaus und der emotionalen Gesundheit führen kann, indem eine tiefere Verbindung mit der Energie der Erde gefördert wird.

Die erdende Wirkung der Natur ist nicht nur anekdotisch; Sie wird durch verschiedene wissenschaftliche Erkenntnisse gestützt. Wenn wir uns direkt mit der Erde auseinandersetzen, sei es durch das Gehen auf Gras oder das Sitzen unter einem Baum, zapfen wir ihre natürliche elektrische Ladung an. Diese Wechselwirkung wurde mit zahlreichen gesundheitlichen Vorteilen in Verbindung gebracht, darunter reduzierte Entzündungen und eine verbesserte Schlafqualität. Die körperlichen Empfindungen, die wir in diesen Momenten erleben – wie die Kühle des Grases oder die Wärme des Sonnenlichts – helfen uns, uns in der Gegenwart zu verankern und dem unerbittlichen Tempo des modernen Lebens zu entfliehen. Diese sensorische Auseinandersetzung kann unseren Fokus von überwältigenden Gedanken auf greifbare Erfahrungen verlagern und eine beruhigende Wirkung haben, die unsere Stimmung hebt und die Entspannung fördert.

Darüber hinaus fördert der Aufenthalt in der Natur ein Gefühl der Stabilität und Verbundenheit mit etwas, das größer ist als wir selbst. Diese Erdungserfahrung kann

Gefühle der Zugehörigkeit und des Friedens hervorrufen, als wären wir Teil eines größeren Ganzen. Viele Menschen berichten, dass der Aufenthalt im Freien ihnen hilft, sich zentrierter und mit ihrer Umgebung verbunden zu fühlen. Wenn wir uns zum Beispiel an einen Baum lehnen oder einfach nur die komplizierten Details einer Blume beobachten, kann das ein Gefühl von Ausgeglichenheit und Harmonie in uns selbst schaffen. Diese Verbindung ist in der heutigen schnelllebigen Welt, in der uns die Technologie oft von unserer natürlichen Umgebung isoliert, unerlässlich.

Persönliche Anekdoten verdeutlichen diese Vorteile zusätzlich. Viele Menschen erzählen davon, wie ein Spaziergang im Wald oder ein Tag am Strand ihre Stimmung von ängstlich oder überwältigt in Ruhe und Verjüngung verwandelt hat. Diese Momente, die wir in der Natur verbringen, ermöglichen Reflexion und Achtsamkeit, ermutigen uns, die Schönheit um uns herum zu schätzen, und geben unserem Geist gleichzeitig eine dringend benötigte Pause von ständiger Stimulation. Regelmäßige Verbindungen zur Natur in unser tägliches Leben zu integrieren, kann transformativ sein. Egal, ob es sich um einen kurzen Spaziergang in der Mittagspause handelt, Yoga im Freien praktiziert oder einfach nur einen Moment der Stille in einem Park genießt, diese kleinen Handlungen können zu einer deutlichen Verbesserung der psychischen Gesundheit und der emotionalen Widerstandsfähigkeit führen. Indem wir die Zeit, die wir in der Natur verbringen, priorisieren, steigern wir nicht nur unser Wohlbefinden, sondern kultivieren auch eine tiefere Wertschätzung für die Welt um uns herum.

# Kapitel 2

## Resourcing und Visualisierung: Füllen Sie Ihren Becher

*"Vorstellungskraft ist alles. Es ist die Vorschau auf die kommenden Attraktionen des Lebens." - Albert Einstein*

## Einen sicheren Raum schaffen

Die Schaffung eines speziellen sicheren Raums für die Visualisierung kann sich tiefgreifend auf das psychische und emotionale Wohlbefinden auswirken. Dieses Heiligtum, sei es ein physischer Ort oder eine imaginäre Umgebung, dient als Zufluchtsort vor dem Chaos des Alltags und bietet einen Ort, an dem sich der Einzelne entspannen und wieder mit sich selbst verbinden kann. Das Wesen eines sicheren Raums liegt in seiner Fähigkeit, Gefühle der emotionalen und körperlichen Sicherheit zu fördern, die für effektive Visualisierungspraktiken unerlässlich sind. Wenn sich Menschen sicher fühlen, ist es wahrscheinlicher, dass sie sich tief in ihre Visualisierungsübungen vertiefen und ihrem Geist erlauben, ohne Angst oder Selbstzweifel zu erforschen und zu erschaffen.

Die Vorteile eines sicheren Raums gehen über die reine Entspannung hinaus. Sie verbessern den Fokus und die Konzentration erheblich. In einer Welt voller Ablenkungen ermöglicht ein ausgewiesener Bereich, der frei von Unterbrechungen ist, ein tieferes Engagement für die Praxis der Visualisierung. Diese fokussierte Umgebung ermutigt den Einzelnen, in seine Gedanken und Absichten einzutauchen, und macht es einfacher, Ziele und Bestrebungen klar zu visualisieren. Der Akt, Grenzen um diesen Raum zu ziehen – sei es durch die Festlegung bestimmter Zeiten für die Nutzung oder durch die Sicherstellung, dass er frei von Technologie bleibt – verstärkt seinen Zweck als Zufluchtsort für geistige Klarheit und Kreativität.

Darüber hinaus ist die psychologische Wirkung eines sicheren Raums besonders vorteilhaft für den Abbau von Ängsten. Für viele kann Angst darauf zurückzuführen sein, dass sie sich von äußerem Druck oder inneren Konflikten überwältigt fühlen. Ein sicherer Raum wirkt als Gegenmittel gegen diesen Stress, indem er eine Umgebung bietet, in der man sich rundum wohl fühlen kann. Die Visualisierung in einem solchen Kontext ermöglicht es dem Einzelnen, seine Emotionen und Gedanken ohne Urteil oder Angst zu verarbeiten. Dieses Gefühl der Sicherheit kann zu einer tieferen Entspannung führen, die es dem Körper ermöglicht, Verspannungen abzubauen und den Geist zur Ruhe zu bringen. Aktivitäten wie Meditation oder tiefes Atmen lassen sich nahtlos in diesen Raum integrieren, was die beruhigende Wirkung noch verstärkt.

Die Rolle eines sicheren Raums bei der Förderung von Komfort kann nicht unterschätzt werden. Es wird zu einem persönlichen Zufluchtsort, zu dem der Einzelne zurückkehren kann, wann immer er Trost oder Inspiration braucht. Dieser beständige Zugang zu einer beruhigenden Umgebung trägt dazu bei, ein Gefühl der Zugehörigkeit und Stabilität zu kultivieren, wesentliche Komponenten für die emotionale Gesundheit. Wenn der Einzelne weiß, dass er einen Ort hat, an dem er sich frei und ohne Angst ausdrücken kann, fördert dies die Selbstakzeptanz und das persönliche Wachstum.

Zusätzlich zu diesen Vorteilen kann die Praxis der Visualisierung selbst in einem sicheren Raum bereichert werden. Visualisierung erfordert oft, dass man seine Vorstellungskraft voll ausschöpft und Bilder heraufbeschwört, die in der Realität vielleicht noch nicht existieren. Ein unterstützendes Umfeld fördert diesen kreativen Prozess, indem es dem Einzelnen ermöglicht, seine innere Landschaft ohne Hemmungen zu erkunden. Techniken wie geführte Bilder können in diesen Räumen effektiv eingesetzt werden und helfen dem Einzelnen, seine gewünschten Ergebnisse mit Klarheit und Absicht zu visualisieren.

# Tipps für die Einrichtung einer entspannten Umgebung

Die Schaffung eines physischen und mentalen sicheren Raums ist unerlässlich, um Entspannung, Konzentration und allgemeines Wohlbefinden zu fördern. Hier sind einige praktische Tipps, die dir bei der Gestaltung deines Heiligtums helfen.

## Die Wahl des richtigen Standorts

### Ruhige und komfortable Umgebung

Wählen Sie einen Ort, der sich friedlich und einladend anfühlt. Das kann eine Ecke deines Hauses sein, eine gemütliche Ecke oder sogar ein Platz in einem örtlichen Park. Das Wichtigste ist, einen Raum zu wählen, in dem Sie Unterbrechungen minimieren und sich wohl fühlen können. Stellen Sie sicher, dass der Bereich frei von Lärm und Ablenkungen ist, damit Sie sich entspannen und sich auf sich selbst konzentrieren können.

Gestalten Sie Ihren Raum

### Beruhigende Farben und Düfte

Integrieren Sie beruhigende Farben wie sanfte Blau-, Grün- oder Neutraltöne in Ihre Einrichtung. Diese Farbtöne können ein Gefühl der Ruhe hervorrufen. Erwägen Sie außerdem, beruhigende Düfte wie Lavendel oder Kamille in Form von Kerzen oder ätherischen Ölen zu verwenden. Die Aromatherapie kann Ihre Stimmung deutlich verbessern und eine ruhige Atmosphäre schaffen.

**Sanfte Beleuchtung**
Die Beleuchtung spielt eine entscheidende Rolle bei der Festlegung des Tons Ihres Raums. Entscheiden Sie sich für weiches, warmes Licht anstelle von grellen Leuchtstofflampen. Verwenden Sie Lampen mit Dimmern oder Lichterketten, um ein sanftes Licht zu erzeugen, das die Entspannung fördert. Dies kann dazu beitragen, Ihrem Gehirn zu signalisieren, dass es Zeit ist, sich zu entspannen.

**Beruhigende Elemente**
Fügen Sie Kissen, Decken und weiche Teppiche hinzu, um Ihren Raum einladend zu gestalten. Diese Elemente sorgen nicht nur für körperlichen Komfort, sondern tragen auch zu einem gemütlichen Ambiente bei. Die Einbeziehung von Pflanzen kann auch die Umwelt verbessern; Sie verbessern die Luftqualität und verleihen ihm einen Hauch von Natur, der erdend sein kann.

## Minimierung von Ablenkungen

**Begrenzen Sie externe Unterbrechungen**
Um den Fokus in Ihrem sicheren Bereich zu behalten, deaktivieren Sie die Benachrichtigungen auf Ihren Geräten und setzen Sie anderen Grenzen für Ihre Zeit in diesem Bereich. Erwägen Sie die Verwendung von Apps, die ablenkende Websites blockieren, oder legen Sie bestimmte Zeiten fest, zu denen Sie E-Mails oder soziale Medien abrufen.

### Erstellen Sie eine Routine

Wenn Sie eine Routine für das Betreten Ihres sicheren Raums festlegen, kann dies Ihrem Geist signalisieren, dass es Zeit ist, sich zu entspannen oder sich zu konzentrieren. Dies kann einfache Rituale wie das Aufbrühen einer Tasse Tee, das Abspielen leiser Musik oder das Üben tiefer Atemübungen beinhalten, bevor du es dir gemütlich machst.

## Beschäftigen Sie Ihren Geist

### Achtsamkeits-Übungen

Integrieren Sie Achtsamkeitstechniken wie Meditation oder Journaling in Ihre Routine in diesem Raum. Diese Übungen können dir helfen, deinen Kopf von Unordnung zu befreien und deine Fähigkeit zu verbessern, dich auf den gegenwärtigen Moment zu konzentrieren.

Indem Sie Ihre physische Umgebung sorgfältig gestalten und bewusste Gewohnheiten um sie herum schaffen, können Sie einen sicheren Raum schaffen, der sowohl Ihr geistiges Wohlbefinden als auch Ihre Produktivität fördert.

# Wie man Visualisierung nutzt, um ein Gefühl von Sicherheit und Geborgenheit zu schaffen

Wenn wir uns ruhige Naturlandschaften vorstellen, wie z. B. einen ruhigen Strand mit sanften Wellen, die an die Küste schlagen, oder einen üppigen Wald, der mit den Geräuschen der zwitschernden Vögel gefüllt ist, aktivieren wir unsere Sinne auf eine Weise, die Gefühle der Ruhe und Gelassenheit hervorrufen kann. Die leuchtenden Farben der Natur, die beruhigenden Klänge und sogar die imaginären Düfte von frischer Kiefer oder salziger Meeresluft können uns an einen Ort versetzen, an dem wir uns sicher und wohl fühlen. Diese mentale Vorstellungswelt aktiviert das parasympathische Nervensystem, das für die Entspannung verantwortlich ist, und wirkt so Stressreaktionen im Körper entgegen. Wenn man sich zum Beispiel vorstellt, an einem warmen Sandstrand zu sitzen, die Sonne auf der Haut zu spüren, während man dem rhythmischen Rauschen der Wellen lauscht, kann dies den Stresspegel erheblich senken und den Seelenfrieden fördern.

In ähnlicher Weise kann die Vorstellung eines gemütlichen Raumes voller beruhigender Elemente das Gefühl der Sicherheit verbessern. Stellen Sie sich einen Raum vor, der mit weichen Kissen, warmem Licht und vertrauten Düften geschmückt ist – vielleicht das Aroma von Vanille oder Lavendel von Kerzen. Diese Art von Bildern kann Erinnerungen an zu Hause oder geschätzte Momente mit geliebten Menschen hervorrufen. Die Farben, die für diesen imaginären Raum gewählt wurden – sanftes Blau, Grün oder warme Neutraltöne – können das Gefühl von Komfort und Sicherheit weiter steigern.

Untersuchungen deuten darauf hin, dass Farben eine wichtige Rolle bei der Beeinflussung der Stimmung spielen. Zum Beispiel werden Blau- und Grüntöne oft mit Ruhe und Gelassenheit in Verbindung gebracht. Durch die regelmäßige Teilnahme an solchen Visualisierungsübungen können Individuen eine mentale Zuflucht schaffen, zu der sie zurückkehren können, wenn sie Stress abbauen müssen.

Eine weitere effektive Technik besteht darin, sich an Orte zu erinnern, die positive Erinnerungen bergen. Das kann ein Elternhaus sein, in dem viel gelacht wird, oder ein beliebter Urlaubsort, an dem man sich völlig entspannt fühlt. Indem man sich diese Orte lebhaft vorstellt – indem man sich an bestimmte Details wie die Anordnung der Räume, das Lachen, das durch sie hallt, oder den Anblick wunderschöner Landschaften erinnert – kann der Einzelne Gefühle von Nostalgie und Wärme wecken. Diese Verbindung zu positiven Erinnerungen bietet nicht nur unmittelbaren Komfort, sondern stärkt auch das Gefühl der Zugehörigkeit und Sicherheit in sich selbst.

Das regelmäßige Üben dieser Visualisierungstechniken kann dieses Sicherheitsgefühl mit der Zeit stärken. Wie jede Fähigkeit wird auch die Visualisierung durch Wiederholung effektiver. Durch die konsequente Rückkehr zu diesen friedlichen mentalen Bildern – sei es durch Meditation, geführte Vorstellungsübungen oder einfach durch das Eintauchen in Momente des Tages, um innezuhalten und zu visualisieren – können Einzelpersonen ihren Geist trainieren, um leichter auf Gefühle der Ruhe zuzugreifen. Diese Praxis kann neuronale Bahnen schaffen, die die emotionale Widerstandsfähigkeit gegen Stressoren verbessern.

Elemente aus der Natur in den Wohnraum zu integrieren, kann dieses Gefühl der Sicherheit noch verstärken. Zum Beispiel verschönert das Hinzufügen von Zimmerpflanzen nicht nur eine Umgebung, sondern verbindet den Einzelnen auch mit der Natur – ein Konzept, das als Biophilie bekannt ist und nachweislich den Stresspegel erheblich reduziert. Das Vorhandensein von Grün in der Umgebung fördert eine beruhigende Atmosphäre, die die Visualisierungspraxis ergänzt.

## Positive Affirmationen

Positive Affirmationen dienen als mächtige Werkzeuge, um unsere mentale Landschaft neu zu gestalten, und bieten einen Weg zu mehr Selbstvertrauen und emotionaler Heilung. Im Kern sind Affirmationen positive Aussagen, die die negativen Selbstgespräche, die viele von uns täglich erleben, herausfordern und entgegenwirken. Dieser innere Dialog stammt oft aus frühen Lebenserfahrungen und gesellschaftlichen Konditionierungen und verankert einschränkende Überzeugungen tief in unserer Psyche. Durch das bewusste Wiederholen von Affirmationen können wir beginnen, unser Gehirn neu zu verdrahten und unseren Fokus von Selbstzweifeln auf Selbstermächtigung zu verlagern.

Die psychologischen Vorteile positiver Affirmationen sind tiefgreifend. Die Forschung zeigt, dass wir, wenn wir uns auf Affirmationen einlassen, das Belohnungssystem des Gehirns aktivieren, was nicht nur unsere Stimmung verbessert, sondern auch emotionale Schmerzgefühle reduziert. Diese Aktivierung kann Stress abbauen und ein Gefühl des Wohlbefindens fördern, wodurch es einfacher wird, die Herausforderungen des Lebens zu meistern. Affirmationen wirken im Wesentlichen als mentale Übungen; So wie wir unseren Körper für körperliche Stärke trainieren, können wir unseren Geist trainieren, um Widerstandsfähigkeit und Positivität zu kultivieren. Im Laufe der Zeit kann diese Praxis zu erheblichen Veränderungen in der Art und Weise führen, wie wir uns selbst und unsere Fähigkeiten wahrnehmen.

Darüber hinaus spielen Affirmationen eine entscheidende Rolle bei der Bekämpfung negativer Selbstgespräche. Viele Menschen erleben eine überwältigende Flut kritischer Gedanken, die ihr Selbstvertrauen und ihre Motivation untergraben können. Affirmationen dienen als Gegengewicht zu dieser Negativität und bieten einen mentalen Schalter, der den Fokus auf konstruktivere Überzeugungen lenkt. Wenn man zum Beispiel Gedanken wie "Ich bin nicht gut genug" durch "Ich bin fähig und verdiene Erfolg" ersetzt, kann sich das Selbstbild nach und nach verändern. Bei diesem Prozess geht es nicht nur um Wunschdenken; Es geht darum, sich aktiv dafür zu entscheiden, ein gesünderes Narrativ über sich selbst zu stärken.

Die Reise der Verwendung von Affirmationen ist auch mit dem Konzept des Selbstmitgefühls verflochten. Wenn wir Affirmationen praktizieren, die Freundlichkeit uns selbst gegenüber betonen, schaffen wir ein Umfeld, das Heilung und Wachstum fördert. Aussagen wie "Ich bin es wert, geliebt und respektiert zu werden" oder "Ich umarme meinen Weg mit Gnade" ermutigen uns, uns selbst mit dem gleichen Mitgefühl zu behandeln, das wir einem Freund in Not entgegenbringen würden. Dieser fürsorgliche Ansatz hilft, die harten Urteile, die oft von unserem inneren Kritiker auferlegt werden, abzubauen und einen unterstützenderen internen Dialog zu fördern.

Darüber hinaus kann die sich wiederholende Natur von Affirmationen dazu beitragen, Widerstandsfähigkeit gegen die Widrigkeiten des Lebens aufzubauen. Indem wir unsere Stärken und Fähigkeiten konsequent bekräftigen, kultivieren wir ein Mindset, das besser mit Rückschlägen und Herausforderungen umgehen kann. Bei dieser Widerstandsfähigkeit geht es nicht nur darum, wieder auf die Beine zu kommen; Es geht darum, trotz Schwierigkeiten erfolgreich zu sein. Jede Affirmation dient als Erinnerung an unseren inhärenten Wert und unser Potenzial und bestärkt uns in dem Glauben, dass wir Hindernisse überwinden können, anstatt uns von ihnen definieren zu lassen.

Positive Affirmationen sind mehr als nur Phrasen; Sie sind transformative Werkzeuge, die uns befähigen, unsere Gedanken und Überzeugungen neu zu gestalten. Sie leiten uns an, den negativen Narrativen entgegenzuwirken, die oft unseren Geist dominieren, ein gesünderes Selbstbild zu fördern und die Widerstandsfähigkeit gegenüber Widrigkeiten zu stärken. Wenn wir diese Affirmationen weiterhin mit Absicht und Engagement praktizieren, begeben wir uns auf eine Reise zu mehr Selbstakzeptanz und emotionalem Wohlbefinden.

# WIRKSAME POSITIVE AFFIRMATIONEN ZUR TRAUMATABEWÄLTIGUNG

Sich auf die Reise der Traumatabewältigung zu begeben, kann sich entmutigend anfühlen, aber positive Affirmationen können als Leuchtfeuer der Hoffnung und Kraft dienen. Hier ist eine Liste von Affirmationen, die speziell entwickelt wurden, um dich auf deinem Heilungsweg zu stärken:

Ich bin sicher und geborgen.

Ich bin es wert, geliebt und respektiert zu werden.

Ich entscheide mich zu heilen und stärker zu werden.

Meine Vergangenheit definiert nicht meine Zukunft.

Ich lasse den Schmerz meiner Vergangenheit los und umarme
meine Gegenwart.

Jeden Tag werde ich widerstandsfähiger.

Ich verdiene Freude und Glück.

Ich vertraue meiner Reise und dem Prozess der Heilung.

Ich habe die Kraft, mich meinen Ängsten zu stellen.

Meine Gefühle sind berechtigt und ich ehre sie.

Ich bin von Liebe und Unterstützung umgeben.

Ich verzeihe mir selbst für alle wahrgenommenen Unzulänglichkeiten.

Ich habe die Kontrolle über meine Gedanken und Emotionen.

Jeder Schritt, den ich mache, ist ein Schritt in Richtung Heilung.

Ich bin genug, so wie ich bin.

## Personalisieren Sie Ihre Affirmationen

Während die oben genannten Affirmationen mächtig sind, kann ihre Personalisierung ihre Wirkung auf deine Heilungsreise verstärken. Hier erfährst du, wie du Affirmationen an deine individuellen Bedürfnisse und Erfahrungen anpassen kannst.

## Reflektieren Sie Ihre Reise

Nehmen Sie sich einen Moment Zeit, um über Ihre spezifischen Erfahrungen mit Traumatata nachzudenken. Welche Gefühle oder Glaubenssätze sind dadurch entstanden? Wenn du diese identifizierst, kannst du Affirmationen schaffen, die tief in Resonanz stehen.

## Verwenden Sie "i"-Anweisungen

Beginne deine Affirmationen mit "Ich", um ein Gefühl der Eigenverantwortung und Ermächtigung über deine Gedanken und Gefühle zu fördern. Anstatt zum Beispiel zu sagen: "Du bist stark", sag: "Ich bin stark."

## Fokus auf die Gegenwart

Formuliere deine Affirmationen in der Gegenwartsform, als ob sie bereits für dich wahr wären: "Ich bin würdig" und nicht "Ich werde würdig sein". Dies hilft, den Glauben an deine aktuelle Realität zu stärken.

### Seien Sie spezifisch

Wenn es bestimmte Aspekte deines Traumatas oder deiner Genesung gibt, die du ansprechen möchtest, dann mache deine Affirmationen spezifisch für diese Bereiche. Wenn Vertrauen zum Beispiel eine Herausforderung ist, könntest du sagen: "Ich traue mir zu, sichere Entscheidungen zu treffen."

### Bleiben Sie positiv

Achte darauf, dass sich deine Affirmationen auf das konzentrieren, was du kultivieren willst, und nicht auf das, was du vermeiden oder eliminieren willst. Anstatt zu sagen: "Ich habe keine Angst", versuche es mit "Ich fasse in jeder Situation Mut."

### Machen Sie es persönlich

Integrieren Sie Elemente, die für Sie von Bedeutung sind – das können Werte, Ziele oder sogar Zitate sein, die Sie inspirieren. Wenn die Familie zum Beispiel wichtig ist, könntest du sagen: "Ich pflege liebevolle Beziehungen zu meiner Familie."

### Üben Sie regelmäßig

Wiederholung ist der Schlüssel! Integrieren Sie diese personalisierten Affirmationen in Ihren Alltag – sagen Sie sie laut vor einem Spiegel, schreiben Sie sie in ein Tagebuch oder meditieren Sie in ruhigen Momenten darüber.

Indem du deine Affirmationen personalisierst, erschaffst du ein kraftvolles Werkzeug, das direkt zu deinem Herzen und deinem Verstand spricht und dich mit Mitgefühl und Kraft durch die Komplexität der Traumata-Wiederherstellung führt.

Fühlen Sie sich frei, diese Vorschläge weiter anzupassen oder fragen Sie nach weiteren Beispielen, die auf bestimmte Erfahrungen zugeschnitten sind!

# Positive Affirmationen in deinen Alltag integrieren

Positive Affirmationen in deinen Alltag zu integrieren, kann eine transformative Erfahrung sein, und es geht darum, einen Rhythmus zu schaffen, der sich natürlich und erhebend anfühlt. Eine der effektivsten Möglichkeiten, damit zu beginnen, besteht darin, bestimmte Zeiten für deine Affirmationen zu reservieren. Stell dir vor, du beginnst deinen Tag mit einem Moment, der ausschließlich dir selbst gewidmet ist und in dem du Affirmationen rezitieren kannst, die tief mit deinen Zielen und Bestrebungen in Resonanz stehen. Vielleicht entscheiden Sie sich dafür, dies direkt nach dem Aufwachen zu tun und diesen positiven Gedanken zu erlauben, den Ton für den kommenden Tag anzugeben. Alternativ können Sie feststellen, dass eine Pause am Vormittag oder eine Pause am Nachmittag besser für Sie geeignet ist. Der Schlüssel ist, eine Zeit zu finden, die sich richtig anfühlt, und dabei zu bleiben, um sie zu einem geschätzten Teil Ihrer Routine zu machen.

Visuelle Erinnerungen können auch eine entscheidende Rolle bei der Verstärkung Ihrer Affirmationen spielen. Erwäge, Haftnotizen mit deinen Lieblingsaffirmationen an deinem Badezimmerspiegel, Kühlschrank oder Arbeitsplatz zu platzieren. Diese kleinen Nuggets der Positivität werden den ganzen Tag über Ihre Aufmerksamkeit auf sich ziehen und Sie sanft in diese positive Denkweise zurückversetzen, wann immer Sie sie brauchen. Du könntest sogar ein Vision Board erstellen, das mit Bildern und Worten gefüllt ist, die dich inspirieren und dich täglich an die Affirmationen erinnern, die du verkörpern möchtest. Je mehr du diese Erinnerungen siehst, desto mehr verankern sie sich in deinem Unterbewusstsein und helfen, deine Denkweise im Laufe der Zeit zu verändern.

Wenn Sie Affirmationen in Ihre täglichen Aktivitäten integrieren, können Sie Positivität nahtlos in Ihr Leben integrieren, ohne dass zusätzliche Zeit oder Mühe erforderlich ist. Nehmen Sie sich zum Beispiel während Ihrer Morgenroutine, beim Zähneputzen oder Waschen Ihres Gesichts einen Moment Zeit, um Affirmationen laut oder in Gedanken zu wiederholen. Du könntest etwas sagen wie: "Ich bin selbstbewusst und fähig", während du dich auf den bevorstehenden Tag vorbereitest. Die Essenszeiten können auch eine ausgezeichnete Gelegenheit zum Nachdenken sein. Denke beim Essen darüber nach, Dankbarkeit für deinen Körper und seine Fähigkeiten auszudrücken und gleichzeitig zu bestätigen, dass du ihn mit Liebe und Fürsorge ernährst. Auch vor dem Schlafengehen, wenn Sie sich von der Hektik des Tages erholen, nehmen Sie sich einen Moment Zeit, um darüber nachzudenken, was gut gelaufen ist, und bekräftigen Sie Ihren Selbstwert und Ihre Absichten für morgen.

Konsistenz ist von größter Bedeutung, wenn es darum geht, Affirmationen wirksam zu machen. Je regelmäßiger du sie praktizierst, desto mehr werden sie Teil deiner Denkmuster. Das bedeutet nicht, dass Sie sich starr an einen Zeitplan halten müssen. Finden Sie vielmehr einen Ablauf, der für Sie funktioniert und Flexibilität ermöglicht. Das Leben kann unvorhersehbar sein, aber selbst an Tagen, an denen sich alles chaotisch anfühlt, können Sie sich nur ein paar Minuten Zeit nehmen, um Ihre Affirmationen zu rezitieren, um Sie wieder an einem Ort der Positivität zu verankern.

Der Glaube an die Affirmationen selbst ist ebenso wichtig. Es ist ganz natürlich, dass man anfangs skeptisch ist – schließlich braucht es Zeit und Geduld, um lang gehegte Überzeugungen zu ändern. Beginnen Sie mit Affirmationen, die sich erreichbar anfühlen, und steigern Sie sich allmählich zu mutigeren Aussagen, wenn Ihr Selbstvertrauen wächst. Bei dem Prozess geht es darum, ein Gefühl des Selbstmitgefühls zu fördern; Gönnen Sie sich Gnade, während Sie auf dieser Reise navigieren. Denken Sie daran, dass Sie jedes Mal, wenn Sie eine Affirmation wiederholen, Samen der Positivität in Ihren Geist pflanzen, die mit konsequenter Sorgfalt und Aufmerksamkeit gedeihen werden.

# Geführte Bilder

Geführte Bilder sind eine weitere kraftvolle therapeutische Technik, die die Fähigkeit des Geistes nutzt, lebendige mentale Bilder zu erzeugen, die Entspannung fördert und die emotionale und körperliche Heilung unterstützt. Im Kern geht es bei geführten Bildern darum, ruhige und friedliche Umgebungen zu visualisieren, die Stress und Ängste erheblich reduzieren können. Diese Technik ermöglicht es dem Einzelnen, sich geistig in ruhige Umgebungen zu versetzen – wie einen sonnenbeschienenen Strand oder einen ruhigen Wald – und dabei alle seine Sinne einzubeziehen. Das Eintauchen in diese beruhigenden Bilder kann eine Entspannungsreaktion im Körper auslösen, die Herzfrequenz und den Blutdruck senkt und so den physiologischen Auswirkungen von Stress entgegenwirkt.

Die Vorteile geführter Bilder gehen über die reine Entspannung hinaus. Die Forschung hat gezeigt, dass es

Symptome im Zusammenhang mit Angstzuständen und Depressionen lindern kann. Indem sich der Einzelne auf positive mentale Bilder konzentriert, kann er seine Denkweise weg von negativen Gedanken ändern, die oft Gefühle der Verzweiflung verschlimmern. Diese Verschiebung fördert nicht nur ein Gefühl der Ruhe, sondern auch die emotionale Widerstandsfähigkeit, die es dem Einzelnen ermöglicht, die Herausforderungen des Lebens besser zu bewältigen. Studien haben beispielsweise gezeigt, dass Patienten, die geführte Bilder praktizieren, von einer signifikanten Verringerung von Stress, Müdigkeit und Schmerzen berichten, was die Wirksamkeit als ergänzender Ansatz zu traditionellen Therapien unterstreicht.

Im Bereich der Traumatabewältigung dienen geführte Bilder als wertvolles Werkzeug zur Heilung emotionaler Wunden. Es bietet einen sicheren Raum für Einzelpersonen, um ihre Gefühle und Erfahrungen zu erforschen, ohne von ihnen überwältigt zu werden. Durch die Schaffung eines mentalen Zufluchtsortes können sich Menschen, die sich von einem Traumata erholen, allmählich und kontrolliert mit schwierigen Erinnerungen auseinandersetzen. Dieser Prozess kann die emotionale Verarbeitung erleichtern und dem Einzelnen helfen, sein Gefühl von Sicherheit und Kontrolle zurückzugewinnen. Die Technik ermöglicht es, sich allmählich belastenden Gedanken auszusetzen und gleichzeitig das Gefühl von Komfort und Sicherheit durch Visualisierung zu verstärken.

Darüber hinaus können geführte Bilder besonders vorteilhaft sein, um Stress in Situationen mit hohem Druck zu bewältigen. Egal, ob es um die Vorbereitung auf eine Operation oder die Bewältigung des Alltagsstresses geht, diese Technik stattet den Einzelnen mit den

Werkzeugen aus, um seinen Geist und Körper zu beruhigen. Das regelmäßige Üben von geführten Bildern hilft, eine mentale Gewohnheit zu etablieren, auf die in Momenten akuten Stresses zugegriffen werden kann. Genauso wie man seinen Körper für körperliche Herausforderungen trainieren kann, bereitet die Beschäftigung mit dieser mentalen Praxis den Geist darauf vor, effektiver zu reagieren, wenn man mit realen Stressfaktoren konfrontiert wird.

Die Schönheit geführter Bilder liegt in ihrer Zugänglichkeit; Es erfordert keine spezielle Ausrüstung oder umfangreiche Schulung. Der Einzelne kann es überall üben – ob zu Hause, in einer ruhigen Büroecke oder sogar in einer Pause bei der Arbeit. Geführte Bildsitzungen können selbstgesteuert oder durch Audioaufnahmen oder Apps erleichtert werden, die die Benutzer durch den Prozess führen. Diese Flexibilität macht es zu einer attraktiven Option für diejenigen, die effektive Stressbewältigungstechniken suchen.

Darüber hinaus unterstreicht die Geist-Körper-Verbindung, die geführten Bildern innewohnt, ihr Potenzial zur Heilung körperlicher Beschwerden. Studien haben gezeigt, dass die Visualisierung von Heilungsprozessen zu spürbaren Verbesserungen bei Erkrankungen wie chronischen Schmerzen oder der Genesung von Operationen führen kann. Indem sie sich mental vorstellen, wie ihr Körper heilt, oder sich vorstellen, wie sich der Schmerz auflöst, können Menschen weniger Beschwerden und verbesserte Genesungsergebnisse erfahren.

Geführte Bilder sind mehr als nur eine Entspannungstechnik; Es ist ein facettenreicher Ansatz, der das emotionale Wohlbefinden und die körperliche Gesundheit fördert. Indem sie die Vorstellungskraft anregen und sich auf positive mentale Bilder konzentrieren, können Menschen Stressoren effektiver bewältigen und gleichzeitig die Widerstandsfähigkeit gegen Ängste und Traumatata fördern. Da die Menschen diese therapeutische Modalität weiter erforschen, wird ihre Rolle in der ganzheitlichen Gesundheitsversorgung zunehmend anerkannt und geschätzt.

# Beispiele für geführte Bildtexte zur Traumatabewältigung.

Hier finden Sie Beispiele für geführte Bildskripte, die die Zuhörer durch friedliche Umgebungen führen sollen, insbesondere mit Fokus auf einen Strand bei Sonnenuntergang, eine Waldlichtung und einen Berggipfel. Jedes Skript enthält sensorische Details und positive Affirmationen, um das Erlebnis zu verbessern.

## Strand bei Sonnenuntergang

**Die Szenerie in Szene setzen:**
Beginnen Sie damit, den Zuhörer einzuladen, eine bequeme Position einzunehmen, entweder sitzend oder liegend. Ermutigen Sie sie, die Augen zu schließen und ein paar Mal tief durchzuatmen, Ruhe einzuatmen und Anspannung auszuatmen.

**Drehbuch:**
"Stell dir vor, du stehst an einem weichen Sandstrand. Die Sonne geht am Horizont unter und taucht den Himmel in Orange-, Rosa- und Lilatöne. Spüren Sie den warmen

Sand unter Ihren Füßen, wenn Sie einen Schritt nach vorne machen. Lauschen Sie während des Gehens den sanften Wellen, die gegen das Ufer schlagen und einen beruhigenden Rhythmus erzeugen.

Nehmen Sie sich einen Moment Zeit, um die salzige Meeresluft einzuatmen. Was riechst du? Der schwache Duft von Kokosöl von jemandem in der Nähe? Oder vielleicht die frische Meeresbrise? Lassen Sie sich von diesen Düften umspülen und bringen Sie Frieden.

Während du den Sonnenuntergang betrachtest, erinnere dich daran: *Ich bin sicher. Ich bin in Frieden. Ich verdiene diesen Moment der Ruhe.* Erlaube diesen Affirmationen, in dir zu schwingen, während die Sonne unter den Horizont sinkt."

Waldlichtung

**Die Szenerie in Szene setzen:**
Ermutigen Sie die Zuhörer, sich auf einer üppigen Waldlichtung vorzustellen, umgeben von hohen Bäumen und leuchtendem Grün.

**Drehbuch:**
"Stell dir vor, du trittst in eine ruhige Waldlichtung. Das Sonnenlicht dringt durch die Blätter und wirft verspielte Schatten auf den Boden. Während du tiefer in diesen Raum vordringst, spüre die kühle Erde unter deinen Füßen und höre das leise Rascheln der Blätter in der sanften Brise.

Halten Sie einen Moment inne und hören Sie genau hin. Hören Sie Vögel zwitschern oder vielleicht einen fernen

Bach? Atmen Sie tief ein – wie fühlt es sich an, den frischen Duft von Zirbenholz und feuchter Erde einzuatmen? Stellen Sie sich vor, Sie atmen mit jedem Atemzug Ruhe ein und atmen anhaltenden Stress aus.

Wiederhole leise für dich selbst: *Ich bin geerdet. Ich bin mit der Natur verbunden. Ich umarme meine Heilungsreise.* Lass diese Worte dein Herz erfüllen, während du in diese friedliche Umgebung eintauchst."


Gipfel der Berge

**Die Szenerie in Szene setzen:**
Leiten Sie die Zuhörer an, sich auf dem Gipfel eines majestätischen Berges vorzustellen, von wo aus sie weit und breit sehen können.

**Skript:**
"Stell dir vor, du stehst auf dem Gipfel eines herrlichen Berges. Die Luft ist frisch und klar; Jeder Atemzug fühlt sich erfrischend an. Wenn Sie über das Tal blicken, bemerken Sie, wie weitläufig und schön die Landschaft ist – sanfte Hügel, glitzernde Flüsse und Waldstücke.

Spüren Sie die Kraft in Ihren Beinen, wenn Sie diesen Berg besteigen. Mit dem Erreichen dieser Höhe haben Sie etwas Bedeutendes erreicht. Nehmen Sie sich einen Moment Zeit, um Ihre Reise hierher zu genießen.

Während du aufrecht gegen den Wind stehst, bestätige dich selbst: *Ich bin stark. Ich habe Herausforderungen gemeistert. Ich kann mich über meine Ängste erheben.* Lassen Sie sich von diesen Affirmationen stärken, während Sie diese atemberaubende Aussicht genießen."

## Sensorische Details und positive Affirmationen

In jedem Skript:

- **Sensorische Details:** Ermutigen Sie die Zuhörer, alle ihre Sinne – Sehen (Farben), Klang (Wellen oder raschelnde Blätter), Geruch (Salzwasser oder Kiefer), Berührung (Sand oder kühle Luft) – zu aktivieren, um ein immersives Erlebnis zu schaffen.

- **Positive Affirmationen:** Integriere Affirmationen, die mit Themen wie Sicherheit, Stärke und Heilung in jeder Visualisierung in Resonanz stehen. Dabei sollten es einfache, aber kraftvolle Aussagen sein, die die Zuhörer leise oder laut wiederholen können.

Indem sie die Zuhörer mit unterstützender Sprache und Affirmationen durch diese lebendigen Bilderfahrungen führen, können sie ein Gefühl der Sicherheit und Ermächtigung entwickeln, das für die Traumatabewältigung entscheidend ist.

## Tipps zum Erstellen eigener Skripte für geführte Bilddaten

Die Erstellung personalisierter geführter Bildskripte ist ein zutiefst lohnender Prozess, der es Ihnen ermöglicht, einzigartige Erlebnisse zu schaffen, die auf individuelle Bedürfnisse und Vorlieben zugeschnitten sind. Die Essenz der geführten Imagination liegt in ihrer Fähigkeit, die Vorstellungskraft anzuregen, indem sie lebendige und sensorische Details verwendet, die den Zuhörer in ruhige und heilende Umgebungen entführen. Indem Sie positive Affirmationen einbauen und sicherstellen, dass das Skript mit den persönlichen Erfahrungen des Zuhörers in Resonanz steht, können Sie die Wirksamkeit der Bilder verbessern und sie zu einem mächtigen Werkzeug für Entspannung und Transformation machen.

Wenn Sie mit dem Schreiben eines geführten Bildskripts beginnen, ist es wichtig, sich auf **lebendige und sensorische Details zu konzentrieren**. Das bedeutet nicht nur, zu beschreiben, was der Zuhörer sehen könnte, sondern auch, was er hören, riechen, fühlen und sogar schmecken könnte. Wenn Ihre Bilder zum Beispiel einen ruhigen Strand beinhalten, könnten Sie das Geräusch sanfter Wellen heraufbeschwören, die gegen das Ufer schlagen, die warme Sonne auf ihrer Haut und die salzige Brise in ihren Haaren. Eine solche sensorische Auseinandersetzung trägt dazu bei, ein immersiveres Erlebnis zu schaffen, das es dem Geist des Zuhörers ermöglicht, die Reise, durch die Sie ihn führen, voll und ganz zu umarmen. Das Gehirn hat oft Schwierigkeiten, zwischen realen und imaginären Erfahrungen zu unterscheiden; Je detaillierter Ihre Beschreibungen sind, desto wirkungsvoller wird die Meditation sein.

Das Einbeziehen **positiver Affirmationen** in Ihr Skript dient als sanfte Erinnerung an Ihren Selbstwert und Ihr Potenzial. Diese Affirmationen können nahtlos in die Erzählung eingewoben werden; Wenn sich ein Zuhörer zum Beispiel vorstellt, wie er einen friedlichen Waldweg entlanggeht, könntest du ihm vorschlagen, sich selbst zu bestätigen: "Ich bin mit meiner Umgebung im Frieden" oder "Ich nehme meine Reise mit Zuversicht an". Diese Aussagen fördern nicht nur die Entspannung, sondern auch eine positive Denkweise, die zu dauerhaften Veränderungen führen kann.

Um Ihr Skript effektiv anzupassen, sollten Sie zunächst die **individuellen Bedürfnisse und Erfahrungen** Ihres Publikums berücksichtigen. Denke darüber nach, was sie von ihrer Meditation erwarten – sei es Stressabbau, Heilung von Traumatata oder einfach nur ein Moment des Friedens. Dieses Verständnis wird Sie bei der Wahl des Schauplatzes und der Bilder leiten. Zum Beispiel könnte jemand, der Komfort sucht, eher mit einer gemütlichen Hütte im Wald als mit einem weiten Bergpanorama in Resonanz sein. Indem du dein Skript auf ihre persönlichen Erfahrungen und Wünsche abstimmst, schaffst du eine bedeutungsvollere Verbindung, die ihre Meditationserfahrung verbessert.

Das Erstellen eines geführten Bilddatenskripts kann Schritt für Schritt durchgeführt werden. Wählen Sie zunächst eine **Umgebung**, die sich einladend und heilsam anfühlt. Dabei kann es sich um alles handeln, von einem ruhigen Strand über einen üppigen Garten bis hin zu einem fantasievollen Bereich, der ganz auf die Vorlieben des Hörers zugeschnitten ist. Nachdem Sie Ihre Einstellung ausgewählt haben, beschreiben Sie sie im Detail. Malen Sie mit Worten ein Bild, das alle Sinnesaspekte umfasst: Welche Farben dominieren die

Landschaft? Welche Geräusche erfüllen die Luft? Welche Düfte verweilen? Diese ausführliche Beschreibung wird den Zuhörern helfen, sich in diesem beruhigenden Raum zu visualisieren.

Integrieren Sie als Nächstes **Heilelemente** in Ihr Skript. Dies könnte bedeuten, dass man sich das Licht vorstellt, das sie zum Schutz umgibt, oder sich Wurzeln vorstellt, die von ihren Füßen in die Erde wachsen, um sie zu erden. Ermutigen Sie die Zuhörer, tief zu atmen und diese heilenden Energien aufzunehmen, während sie durch Ihre geführten Bilder navigieren. Indem du das Gefühl von Sicherheit und Geborgenheit in deinem Drehbuch stärkst, trägst du dazu bei, eine Umgebung zu schaffen, die der Entspannung und Heilung förderlich ist.

Denken Sie beim Schreiben Ihres Skripts daran, dass es natürlich fließen sollte. Verwenden Sie sanfte Übergänge zwischen den Abschnitten, um einen beruhigenden Rhythmus beizubehalten, der die Zuhörer tiefer in die Entspannung führt. Es ist von Vorteil, Pausen einzubauen, in denen die Teilnehmer ihre inneren Erfahrungen erforschen können, ohne sich gehetzt zu fühlen. Dies ermöglicht es ihnen, sich während der Meditation tiefer mit ihrer Vorstellungskraft und ihren Emotionen zu verbinden.

Zusammenfassend lässt sich sagen, dass die Erstellung personalisierter geführter Bildskripte eine kunstvolle Mischung aus lebendigen sensorischen Details, positiven Affirmationen und maßgeschneiderten Inhalten erfordert, die mit individuellen Erfahrungen in Einklang stehen. Indem Sie jedes Element sorgfältig berücksichtigen – von der Auswahl der Umgebung bis hin zur Integration von Heilungsaspekten – schaffen Sie eine bereichernde Erfahrung, die Entspannung und persönliches Wachstum unterstützt.

# Visualisierung der Heilung

Die Heilung des Körpers von einem Traumata zu visualisieren, erfordert eine tiefgreifende Reise in die Tiefen unserer Vorstellungskraft, bei der sich Geist und Körper in einem kraftvollen Tanz der Wiederherstellung vereinen. Wenn wir uns vorstellen, dass unser Körper sich selbst repariert, lassen wir uns auf einen Prozess ein, der über das bloße Denken hinausgeht; Es wird zu einem Akt der Absicht und des Glaubens. Stell dir vor, du befindest dich in einem ruhigen Raum, vielleicht in einem ruhigen Raum oder in einem üppigen Garten, wo du dich ausschließlich auf deine Heilung konzentrieren kannst. Während du tief durchatmest, erlaube deinem Geist, Bilder deines Körpers in seinem idealen Zustand heraufzubeschwören — stark, lebendig und schmerzfrei. Diese lebendigen Bilder wirken wie ein Katalysator und erwecken die angeborene Fähigkeit des Körpers zu heilen.

Der Prozess beginnt mit der Anerkennung der Empfindungen, die mit Traumata oder Schmerz verbunden sind. Anstatt diesen Gefühlen zu widerstehen, kannst du dir vorstellen, wie sie sich in etwas Beherrschbareres verwandeln. Stellen Sie sich den Schmerz als eine dunkle Wolke vor, die über Ihnen schwebt, und stellen Sie sich bei jedem Ausatmen vor, wie sich diese Wolke in der Luft auflöst und Klarheit und Leichtigkeit hinterlässt. Diese Technik reduziert nicht nur das unmittelbare Gefühl des Unbehagens, sondern fördert auch ein Gefühl der Kontrolle über Ihren

Heilungsweg. Indem du dich auf das konzentrierst, was du fühlen möchtest – Komfort, Kraft und Vitalität – lenkst du die Energie deines Körpers aktiv auf die Erholung.

Visualisierung spielt auch eine entscheidende Rolle bei der emotionalen Heilung. Wenn wir uns vorstellen, wie wir Herausforderungen meistern, ob körperlich oder emotional, kultivieren wir Hoffnung und Widerstandsfähigkeit. Diese hoffnungsvolle Denkweise ist unerlässlich; Studien haben gezeigt, dass positive Visualisierung den Serotoninspiegel im Gehirn erhöhen und so das Wohlbefinden und die Entspannung fördern kann. Während du dir vorstellst, wie dein Körper wieder zu Kräften kommt, stelle dir vor, wie jede Muskelfaser nahtlos miteinander verwoben wird, jede Zelle sich mit Energie und Zweck verjüngt. Diese mentale Übung hebt nicht nur Ihre Stimmung, sondern unterstützt auch physiologische Prozesse, die für die Genesung unerlässlich sind.

Darüber hinaus kann die Visualisierung die Immunfunktion verbessern. Stellen Sie sich Ihr Immunsystem als eine Armee kleiner Krieger vor, die aktiv gegen Krankheiten oder Verletzungen kämpfen. Indem Sie diese dynamische Szene visualisieren, stimulieren Sie die Produktion von immunstärkenden Substanzen wie Interleukinen und Lymphozyten. Diese mentale Vorstellungswelt stärkt die Abwehrkräfte Ihres Körpers und beschleunigt den Heilungsprozess. Je spezifischer und lebendiger Ihre Visualisierung ist, desto effektiver kann sie sein. Die Berücksichtigung von Details wie Farbe oder Textur fügt Tiefenschichten hinzu, die verschiedene Sinne ansprechen und das Erlebnis verbessern.

Um diese Kraft der Visualisierung effektiv zu nutzen, ist es von Vorteil, eine Routine zu etablieren. Nehmen Sie sich jeden Tag Zeit für diese Praxis – vielleicht morgens, um einen positiven Ton für den Tag zu setzen, oder abends, um die Entspannung vor dem Schlafengehen zu fördern. Beginnen Sie damit, eine bequeme Position zu finden, in der Sie die Augen schließen und tief durchatmen können. Erlaube dir, in einen Zustand der Ruhe zu driften und lenke dann deine Gedanken in Richtung heilender Bilder. Stellen Sie sich vor, Sie atmen reines Licht ein, das Ihren Körper mit Wärme und Vitalität erfüllt, während Sie jegliche Negativität oder Anspannung ausatmen.

Wenn du dich in diese Visualisierungspraxis vertiefst, denke daran, dass es nicht nur darum geht, der Realität zu entfliehen, sondern sie mit Absicht zu umarmen. Jede Sitzung ist eine Gelegenheit, sich wieder mit der Weisheit und Widerstandsfähigkeit Ihres Körpers zu verbinden. Vertrauen Sie in diesen Prozess; Im Laufe der Zeit werden Sie vielleicht feststellen, dass sich nicht nur Ihre körperliche Verfassung verbessert, sondern auch Ihre emotionale Landschaft. Die Reise der Heilung durch Visualisierung ist eine Reise der Ermächtigung – eine Erinnerung daran, dass in uns eine außergewöhnliche Fähigkeit zur Erneuerung und zum Wachstum liegt.

## Visualisierungstechniken zur Heilung von Traumatata

Visualisierungstechniken können mächtige Werkzeuge zur Heilung von Traumatata sein und dem Einzelnen einen sicheren Raum bieten, um Emotionen und Erfahrungen zu verarbeiten. Hier sind drei effektive

Techniken: die Visualisierung des **sicheren Ortes**, die Visualisierung des heilenden **Lichts** und die Visualisierung des **Aufsteigens von Luftballons**. Jede Methode bietet einzigartige Vorteile und kann regelmäßig praktiziert werden, um das emotionale Wohlbefinden zu steigern.

## VISUALISIERUNG EINES SICHEREN ORTES

**So funktioniert's:**
Bei der Safe-Place-Visualisierung geht es darum, ein mentales Bild von einem Ort zu erstellen, an dem Sie sich völlig sicher und wohl fühlen. Dieser Ort kann real oder imaginär sein – ein ruhiger Strand, ein gemütliches Zimmer oder ein ruhiger Wald. Um zu üben, schließen Sie die Augen und atmen Sie mehrmals tief ein, um sich zu entspannen. Während du dir deinen sicheren Ort vorstellst, aktiviere alle fünf Sinne:

- **Sight:** Was siehst du? Farben, Formen und Details?
- **Sound:** Gibt es Sounds? Das Rascheln der Blätter, das Rauschen der Wellen oder leise Musik?
- **Berührung:** Welche Texturen können Sie fühlen? Die Wärme der Sonne oder die Kühle des Grases?
- **Geruch:** Welche Düfte sind vorhanden? Frische Blumen oder salzige Meeresluft?
- **Geschmack:** Schmeckt man etwas? Vielleicht ein erfrischendes Getränk oder süße Früchte?

**Vorteile regelmäßiger Übung:**
Das regelmäßige Üben dieser Visualisierung hilft, eine mentale Zuflucht zu schaffen, zu der Sie zurückkehren können, wenn Stress oder Ängste auftreten. Es fördert die Entspannung, reduziert Angstzustände und verbessert die emotionale Widerstandsfähigkeit, indem es ein Gefühl der Sicherheit in Ihrem Geist verstärkt

## VISUALISIERUNG DES HEILENDEN LICHTS

**So funktioniert's:**
In der Healing Light Visualization stellst du dir ein warmes, heilendes Licht vor, das deinen Körper umhüllt. Beginnen Sie damit, sich einen ruhigen Ort zu suchen und die Augen zu schließen. Visualisiere dieses Licht als ein sanftes Leuchten, das oben auf deinem Kopf beginnt und sich allmählich durch deinen Körper nach unten bewegt. Auf seiner Reise bringt es Wärme und Komfort in jeden Bereich, den es berührt, und hilft, Spannungen und negative Emotionen abzubauen.

Du konntest zu dir selbst Affirmationen wie "Ich bin sicher", "Ich werde geliebt" oder "Ich heile" sagen, während das Licht durch dich fließt. Erlauben Sie sich, alle Empfindungen zu spüren, die aufkommen – vielleicht Wärme, Kribbeln oder Entspannung.

**Vorteile regelmäßiger Übung:**
Diese Visualisierung fördert nicht nur die Entspannung, sondern auch das Selbstmitgefühl und die Heilung. Indem du regelmäßig in diese Erfahrung eintauchst, kannst du eine tiefere Verbindung zu deinem Körper und deinen Emotionen aufbauen, was im Laufe der Zeit eine größere Heilung ermöglicht

## VISUALISIERUNG DES BALLONSTARTS

**So funktioniert's:**
Die Balloon Release Visualization ist ein kreativer Weg, um negative Emotionen oder Sorgen loszulassen. Stellen Sie sich zunächst vor, dass Sie einen Luftballon in Ihren Händen halten. Während du tief atmest, visualisiere, wie jede Sorge oder jedes negative Gefühl in den Ballon übertragen wird. Sie können die Größe und Farbe des Ballons wählen, um verschiedene Emotionen darzustellen.

Wenn du den Ballon mit deinen Sorgen gefüllt hast, nimm dir einen Moment Zeit, um ihn sicher zu binden. Stellen Sie sich dann vor, wie Sie den Ballon in den Himmel steigen lassen. Beobachten Sie, wie es höher und höher schwebt, bis es kleiner wird und schließlich aus dem Blickfeld verschwindet.

**Vorteile regelmäßiger Übung:**
Diese Technik verlagert Sorgen nach außen und lässt sie sich besser bewältigen lassen. Indem du dir vorstellst, wie sie dahinschweben, gibst du dir selbst die Erlaubnis, die mit diesen Gefühlen verbundene Angst loszulassen. Regelmäßiges Üben kann zu einem reduzierten Stresslevel und einem verbesserten Gefühl der Kontrolle über die eigenen Emotionen führen.

Diese Visualisierungstechniken bieten unterstützende Methoden zur Heilung von Traumatata, indem sie die emotionale Befreiung fördern und sichere mentale Räume für Reflexion und Genesung schaffen.

## Bedeutung von Konsistenz in der Visualisierungspraxis

Regelmäßiges und konsequentes Üben in der Visualisierung ist nicht nur ein Vorschlag; Es ist ein Eckpfeiler eines effektiven mentalen Trainings, das sowohl die Leistung als auch das Wohlbefinden tiefgreifend beeinflussen kann. Visualisierung, die oft als mentale Probe beschrieben wird, ermöglicht es dem Einzelnen, lebendige Bilder und Szenarien in seinem Kopf zu erschaffen und alle fünf Sinne zu aktivieren, um seine Ziele zum Leben zu erwecken. Die wahre Stärke dieser Technik liegt jedoch in ihrer regelmäßigen Anwendung. Wenn Visualisierung konsequent praktiziert wird, wird sie zu einer Fähigkeit, die ihre Wirksamkeit im Laufe der Zeit erhöht. So wie Sportler ihren Körper durch sich wiederholende körperliche Übungen trainieren, benötigt auch der Geist häufige Trainingseinheiten, um seine Fähigkeit zur erfolgreichen Visualisierung zu stärken.

Die Vorteile einer regelmäßigen Visualisierung gehen über die reine Leistungssteigerung hinaus. Die konsequente Ausübung dieser Praxis fördert eine stärkere Verbindung zwischen Geist und Körper, die für das Erreichen eines ganzheitlichen Wohlbefindens von entscheidender Bedeutung ist. Wenn Individuen ihre Ziele oder gewünschten Ergebnisse wiederholt visualisieren, trainieren sie ihr Unterbewusstsein, diese Visionen als erreichbare Realitäten zu erkennen. Dieser

Prozess stärkt nicht nur das Selbstvertrauen, sondern hilft auch dabei, Ängste und Stress abzubauen und es einfacher zu machen, sich in schwierigen Situationen zurechtzufinden. Je mehr man Visualisierung praktiziert, desto natürlicher wird es, diese mentale Ressource in Momenten mit hohem Druck anzuzapfen, was letztendlich die langfristige Heilung und Widerstandsfähigkeit fördert.

Um eine konsistente Visualisierungspraxis aufrechtzuerhalten, ist es von größter Bedeutung, einen Zeitplan festzulegen. Genauso wie man Zeit für körperliches Training oder andere wichtige Aktivitäten blockieren würde, hilft es, bestimmte Zeiten für die Visualisierung zu reservieren, um sie als nicht verhandelbaren Teil Ihrer Routine zu etablieren. Egal, ob es das Erste am Morgen oder kurz vor dem Schlafengehen ist, finden Sie einen Zeitpunkt, der sich für Sie richtig anfühlt, und halten Sie sich daran. Darüber hinaus kann die Verfolgung Ihrer Fortschritte unglaublich motivierend sein. Erwägen Sie, ein Tagebuch zu führen, in dem Sie nach jeder Sitzung Ihre Erfahrungen notieren – was Sie visualisiert haben, wie Sie sich gefühlt haben und welche Erkenntnisse Sie gewonnen haben. Diese Reflexion stärkt nicht nur Ihr Engagement, sondern ermöglicht es Ihnen auch zu sehen, wie weit Sie im Laufe der Zeit gekommen sind.

Motiviert zu bleiben, kann manchmal die größte Herausforderung sein, wenn es darum geht, Konsistenz zu wahren. Eine effektive Strategie besteht darin, ein Vision Board zu erstellen oder visuelle Hilfsmittel zu verwenden, die mit Ihren Zielen übereinstimmen. Diese greifbaren Erinnerungen können als tägliche Inspiration dienen und Ihre Ziele im Kopf behalten. Darüber hinaus kann die Einbeziehung von Abwechslung in Ihre

Visualisierungspraxis dazu beitragen, dass sie frisch und ansprechend bleibt. Experimentieren Sie mit verschiedenen Techniken – wie z. B. geführten Bildern oder der Fokussierung auf verschiedene Sinne – und erlauben Sie sich, sich anzupassen, je nachdem, was sich zu einem bestimmten Zeitpunkt am effektivsten anfühlt.

Denken Sie auf dieser Reise der Visualisierung daran, dass jeder kleine Schritt zählt. Nehmen Sie den Prozess mit Geduld und Freundlichkeit sich selbst gegenüber an; Je mehr Sie üben, desto geschickter werden Sie darin, die transformative Kraft der Visualisierung zu nutzen.

# Dankbarkeit kultivieren

Dankbarkeit ist eine starke Emotion, die das psychische und emotionale Wohlbefinden erheblich steigern kann. Wenn wir bewusst Dankbarkeit üben, verlagern wir unseren Fokus von dem, was uns fehlt, hin zur Wertschätzung dessen, was wir haben, was zu

tiefgreifenden Veränderungen unserer psychischen Gesundheit führen kann. Die Forschung hat gezeigt, dass Dankbarkeitspraktiken Stress und Angstzustände reduzieren können, was zu einem sofortigen Glücksschub führt. Zum Beispiel kann ein einziger Akt des Ausdrückens von Dankbarkeit zu einer bemerkenswerten Steigerung des Glücks um 10 % und einer Verringerung der depressiven Symptome um 35 % führen, obwohl diese Effekte im Laufe der Zeit abnehmen können, wenn man nicht weiter praktiziert. Dies unterstreicht, wie wichtig es ist, Dankbarkeit zu einem regelmäßigen Bestandteil unseres Lebens zu machen, damit wir eine positivere emotionale Landschaft kultivieren können.

Die Vorteile der Dankbarkeit gehen über die bloße Stimmungsaufhellung hinaus; Sie spielen auch eine entscheidende Rolle für das allgemeine Wohlbefinden. Die regelmäßige Anerkennung des Guten in unserem Leben kann zu einem niedrigeren Stresshormonspiegel führen und einen ausgeglicheneren emotionalen Zustand schaffen. Diese Stressreduktion verbessert nicht nur die Stimmung, sondern auch verschiedene Aspekte des Lebens, einschließlich der Schlafqualität und der zwischenmenschlichen Beziehungen. Dankbare Menschen berichten oft, dass sie sich optimistischer fühlen und sich stärker mit ihrer Umgebung beschäftigen, was die Widerstandsfähigkeit gegenüber den Herausforderungen des Lebens fördern kann. Indem wir uns auf positive Erfahrungen konzentrieren, trainieren wir unser Gehirn, Chancen statt Hindernisse zu erkennen, was die emotionale Widerstandsfähigkeit und bessere Bewältigungsmechanismen bei Widrigkeiten fördert.

Im Rahmen der Traumatabewältigung dient Dankbarkeit als wichtiges Werkzeug zur Heilung. Es hilft dem Einzelnen, seine Erfahrungen neu zu formulieren und auch in schwierigen Situationen einen Sinn zu finden. Durch die Kultivierung einer Denkweise der Dankbarkeit können Traumataüberlebende beginnen, ihr Selbstwertgefühl und ihre Verbundenheit mit anderen wieder aufzubauen. Studien deuten darauf hin, dass Menschen, die Dankbarkeit praktizieren, seltener Symptome von schweren Depressionen oder Angststörungen haben. Dies ist besonders wichtig für diejenigen, die sich von einem Traumata erholen, da es ihnen ermöglicht, sich auf die positiven Aspekte ihrer Reise zu konzentrieren, anstatt von negativen Erinnerungen verzehrt zu werden.

Darüber hinaus fördert Dankbarkeit die Widerstandsfähigkeit, indem sie den Einzelnen dazu ermutigt, kleine Siege und Momente der Freude inmitten von Schwierigkeiten zu feiern. Diese Praxis stärkt nicht nur die Moral, sondern stärkt auch den Glauben, dass auch in schwierigen Zeiten gute Dinge passieren können. Über positive Erfahrungen zu schreiben oder sich bei anderen zu bedanken, kann einen Welleneffekt auslösen, soziale Bindungen stärken und eine unterstützende Gemeinschaft um Menschen herum fördern, die sich auf ihrem Weg zur Genesung befinden.

Wenn wir die emotionalen Vorteile von Dankbarkeit weiter erforschen, wird deutlich, dass diese einfache, aber tiefgreifende Praxis Leben verändern kann. Es ermutigt uns, langsamer zu werden und die kleinen Momente des Lebens zu genießen, und hilft uns, in der Gegenwart geerdet zu bleiben, anstatt uns in Sorgen um die Zukunft oder Reue über die Vergangenheit zu verlieren. Indem wir uns aktiv in Dankbarkeit engagieren, verbessern wir nicht nur unser eigenes Wohlbefinden, sondern tragen auch positiv zum Leben der Menschen um uns herum bei und schaffen ein Umfeld, in dem Resilienz und Heilung gedeihen können.

## Möglichkeiten, Dankbarkeit zu üben, z. B. ein Dankbarkeitstagebuch zu führen oder anderen Dankbarkeit auszudrücken.

Das Üben von Dankbarkeit kann Ihre Perspektive verändern und Ihr allgemeines Wohlbefinden steigern, und es gibt mehrere praktische Methoden, um diese kraftvolle Praxis in Ihr tägliches Leben zu integrieren. Eine der effektivsten Möglichkeiten, Dankbarkeit zu kultivieren, besteht darin, ein Dankbarkeitstagebuch zu führen. Dies muss keine entmutigende Aufgabe sein; In der Tat kann es ein herrliches Ritual sein. Nimm dir jeden Tag ein paar Momente Zeit – vielleicht morgens mit deinem Kaffee oder abends, wenn du dich entspannst –, um drei bis fünf Dinge aufzuschreiben, für die du dankbar bist. Diese können so einfach sein wie die Wärme der Sonne auf der Haut oder die Freundlichkeit eines Fremden. Der Schlüssel liegt darin, sich auf bestimmte Momente und nicht auf Allgemeinplätze zu konzentrieren. Anstatt zu schreiben "Ich bin dankbar für meine Familie", versuchen Sie es mit "Ich bin dankbar für das Lachen, das wir gestern Abend beim Abendessen geteilt haben". Diese Besonderheit vertieft nicht nur Ihre Wertschätzung, sondern hilft Ihnen auch, sich lebhaft an diese Momente zu erinnern.

Anderen gegenüber Dankbarkeit auszudrücken kann ebenso lohnend sein und ist eine wunderbare Möglichkeit, Beziehungen zu stärken. Ein herzliches Dankeschön kann viel dazu beitragen, dass sich jemand geschätzt und geschätzt fühlt. Egal, ob es sich um einen Freund handelt, der Ihnen in einer schwierigen Zeit ein Ohr geliehen hat, oder um einen Kollegen, der Ihnen bei einem Projekt geholfen hat, wenn Sie sich die Zeit nehmen, Ihre Wertschätzung zu artikulieren, kann dies zu positiven Wellen führen. Es kann hilfreich sein, sich das Ziel zu setzen, jede Woche mindestens einer Person Dankbarkeit auszudrücken. Dies kann durch eine handschriftliche Notiz, einen nachdenklichen Text oder sogar ein persönliches Gespräch geschehen, in dem Sie mitteilen, wie sich ihre Handlungen auf Sie ausgewirkt haben. Die Aufrichtigkeit in Ihrem Ausdruck ist von entscheidender Bedeutung; Wenn Menschen deine aufrichtige Wertschätzung spüren, fördert das tiefere Verbindungen und ermutigt sie, ihre Taten der Freundlichkeit fortzusetzen.

Die Integration von Dankbarkeit in die täglichen Aktivitäten ist ein weiterer bereichernder Ansatz. Du kannst Dankbarkeit in Routineaufgaben einfließen lassen, indem du einfach innehältst und darüber nachdenkst, was du an diesem Moment schätzt. Denken Sie zum Beispiel beim Geschirrspülen an das Essen, das Sie ernährt hat, oder denken Sie beim Pendeln an die sichere Reise, die Sie an Ihr Ziel gebracht hat. Sie können auch visuelle Erinnerungen zu Hause oder am Arbeitsplatz erstellen – Haftnotizen mit Affirmationen oder Bildern, die Gefühle der Dankbarkeit hervorrufen, können den ganzen Tag über als Aufforderungen dienen. Selbst in schwierigen Zeiten kann die Suche nach etwas Kleinem, das Sie schätzen können, Ihre Denkweise verändern und Ihnen helfen, Schwierigkeiten mit mehr Widerstandsfähigkeit zu bewältigen.

Beständigkeit ist bei jeder Dankbarkeitspraxis von entscheidender Bedeutung. Es geht nicht nur darum, ein paar gute Tage zu haben; Es geht darum, Dankbarkeit zu einem Teil Ihres Lebensstils zu machen. Wenn du dich regelmäßig zu diesen Praktiken verpflichtest, wirst du Veränderungen in der Art und Weise bemerken, wie du die Welt um dich herum wahrnimmst. Je konsequenter du anerkennst, wofür du dankbar bist, desto natürlicher wird es, inmitten der Herausforderungen des Lebens das Positive zu sehen. Aufrichtigkeit spielt eine ebenso wichtige Rolle; Wenn deine Dankesbekundungen von einem authentischen Ort kommen, finden sie tiefe Resonanz – nicht nur mit den Menschen um dich herum, sondern auch in dir selbst. Diese Authentizität fördert ein inneres Gefühl von Frieden und Erfüllung, das jeden Aspekt des Lebens bereichert.

## Die Vorteile von Dankbarkeit für den Abbau von Stress und Angst

Im Kern verlagert Dankbarkeit unseren Fokus von dem, was in unserem Leben fehlt oder negativ ist, hin zu dem, was reichlich und positiv ist. Diese einfache, aber tiefgreifende Veränderung kann unser Gehirn neu verdrahten und es uns ermöglichen, eine optimistischere Einstellung zu entwickeln. Wenn wir bewusst Dankbarkeit üben, machen wir eine mentale Übung, die unser Gehirn trainiert, das Gute inmitten des Chaos zu bemerken. Dies ist besonders wichtig, da Angst oft von einer Fixierung auf potenzielle Bedrohungen oder negative Ergebnisse herrührt. Indem wir unsere Aufmerksamkeit auf positive Erfahrungen und Emotionen lenken, können wir dem Grübeln, das Ängste schürt, effektiv entgegenwirken.

Die Mechanismen, die hinter der beruhigenden Wirkung von Dankbarkeit stehen, sind sowohl in neurobiologischen als auch in psychologischen Prozessen verwurzelt. Die Forschung zeigt, dass Dankbarkeit die Produktion von Stresshormonen reduzieren und gleichzeitig das allgemeine Wohlbefinden steigern kann. Wenn wir Dankbarkeit ausdrücken, sei es durch das Schreiben eines Tagebuchs oder das Teilen unserer Wertschätzung mit anderen, aktivieren wir Regionen des Gehirns, die mit Belohnung und positiven Emotionen verbunden sind. Diese Aktivierung fördert nicht nur Glücksgefühle, sondern hilft auch, das autonome Nervensystem zu regulieren, das eine Schlüsselrolle bei der Bewältigung unserer Stressreaktionen spielt. Im Wesentlichen wirkt Dankbarkeit als natürliches Gegenmittel gegen die erhöhte Erregung, die mit Angst verbunden ist, und ermöglicht es uns, einen ausgeglicheneren emotionalen Zustand zu erleben.

Darüber hinaus kultiviert Dankbarkeit ein Gefühl des Überflusses und nicht des Mangels. In Zeiten der Unsicherheit oder Not ist es leicht, sich von dem überwältigt zu fühlen, was uns fehlt – sei es Sicherheit, Gesundheit oder Verbundenheit. Dankbarkeit zu üben ermutigt uns, die Ressourcen, die wir haben, zu erkennen und zu schätzen, seien es unterstützende Beziehungen, persönliche Stärken oder einfach die Schönheit der Natur um uns herum. Diese Verschiebung verbessert nicht nur unsere Stimmung, sondern fördert auch die Widerstandsfähigkeit gegenüber Stressfaktoren. Indem sie unser Gefühl der Verbundenheit mit anderen stärkt und uns an unsere Unterstützungssysteme erinnert, kann Dankbarkeit Gefühle der Isolation und Hilflosigkeit abfedern, die oft mit Ängsten einhergehen.

Um die Kraft der Dankbarkeit effektiv bei der Bewältigung von Stress und Angst zu nutzen, sollten Sie in Erwägung ziehen, sie in Ihren Alltag zu integrieren. Beginnen Sie damit, ein Dankbarkeitstagebuch zu führen, in dem Sie jeden Tag drei Dinge notieren, für die Sie dankbar sind. Diese Praxis muss nicht aufwendig sein; Selbst kleine Anerkennungen können einen erheblichen Unterschied machen. Wenn Sie regelmäßig über diese Einträge nachdenken, können Sie positive Denkmuster im Laufe der Zeit verstärken. Nehmen Sie sich außerdem den ganzen Tag über Zeit, um innezuhalten und einfache Freuden zu genießen – eine warme Tasse Kaffee, ein freundliches Wort von einem Freund oder die Schönheit eines Sonnenuntergangs. Diese achtsamen Momente können dich in der Gegenwart verankern und Angstgefühle lindern.

Ein weiterer effektiver Ansatz besteht darin, Ihre Dankbarkeit direkt gegenüber anderen auszudrücken. Egal, ob es darum geht, Dankesbriefe zu schreiben oder den Einfluss einer Person auf Ihr Leben verbal anzuerkennen, diese Handlungen stärken nicht nur Ihre Beziehungen, sondern steigern auch Ihr eigenes Wohlbefinden. Wenn Sie Ihre Wertschätzung teilen, entsteht eine positive Rückkopplungsschleife. Wenn du andere aufmunterst, hebst du gleichzeitig deine eigene Stimmung und dein Gefühl der Verbundenheit.

Wenn du Dankbarkeit in dein Leben integrierst, geht es nicht darum, Schmerz oder Unbehagen zu ignorieren; Vielmehr geht es um eine ganzheitliche Sichtweise, die sowohl die Wertschätzung als auch die Anerkennung von Herausforderungen ermöglicht. Es ist völlig legitim, sich ängstlich zu fühlen und gleichzeitig Aspekte des Lebens zu erkennen, die Freude oder Trost bringen. Diese Dualität bereichert unsere emotionale Erfahrung und befähigt uns, die Höhen und Tiefen des Lebens mit größerer Widerstandsfähigkeit zu bewältigen.

Indem du Dankbarkeit zu einem festen Bestandteil deines Lebens machst, kannst du eine innere Landschaft kultivieren, die dem Frieden und Wohlbefinden förderlicher ist. Wenn du diese transformative Denkweise praktizierst, wirst du vielleicht feststellen, dass Stressoren weniger entmutigend werden und dass Angstgefühle in ihrer Intensität abnehmen. Dankbarkeit anzunehmen ist in der Tat eine Reise — eine Reise zu mehr geistiger Klarheit, emotionaler Stabilität und einer bereicherten Lebenserfahrung.

# Kapitel 3

## Selbstregulation: Beruhigen Sie Ihr Nervensystem

*"Der einzige Weg zu heilen ist, zu fühlen." - Joanna Macy*

Joanna Macys tiefgründige Weisheit findet im Bereich der Heilung einen tiefen Widerhall, insbesondere wenn es darum geht, Traumatata und Stress zu verstehen. Sie lädt uns ein, unsere Emotionen voll und ganz anzunehmen, anstatt sie zu unterdrücken oder zu vermeiden. Diese Perspektive ist von entscheidender Bedeutung, denn bei der Heilung geht es nicht nur darum, dem Unbehagen zu entkommen; Es geht darum, sich mit unseren Gefühlen auseinanderzusetzen und uns zu erlauben, das gesamte Spektrum menschlicher Emotionen zu erleben. Macy stellt eloquent fest, dass unsere Reaktionen auf das Leid der Welt — sei es Wut, Trauer oder Verzweiflung – in unserer tiefen Verbundenheit mit allen Wesen verwurzelt sind. Diese Emotionen sind keine Zeichen von Schwäche, sondern vielmehr Indikatoren unseres Mitgefühls und unserer Menschlichkeit. Indem wir diese Gefühle anerkennen und verarbeiten, können wir beginnen, nicht nur uns selbst, sondern auch unsere Beziehung zur Welt um uns herum zu verbessern.

Die Selbstregulierung spielt auf diesem Heilungsweg eine zentrale Rolle. Es geht darum, unsere emotionalen und körperlichen Reaktionen auf Stress zu erkennen und zu bewältigen, was es uns ermöglicht, mit größerer Widerstandsfähigkeit durch die Herausforderungen des Lebens zu navigieren. Dieser Prozess erfordert, dass wir das Bewusstsein für unsere inneren Zustände kultivieren und lernen, wie wir reagieren können, anstatt impulsiv zu reagieren. Bei der Selbstregulierung geht es nicht darum, unsere Gefühle zu verleugnen oder zu minimieren; Stattdessen befähigt es uns, uns ihnen direkt zu stellen, und fördert ein Gefühl der Handlungsfähigkeit in unserem Heilungsprozess. Indem wir uns in Selbstregulierung üben, können wir einen sicheren Raum für uns selbst schaffen, in dem wir unsere Emotionen ohne Urteil oder Angst erforschen können.

Wenn wir uns mit den Techniken zur Selbstregulierung befassen, wird klar, dass diese Praktiken als mächtige Werkzeuge zur Heilung dienen. Techniken wie Achtsamkeitsmeditation, Atemarbeit und Erdungsübungen helfen uns, uns wieder mit unserem Körper und unseren Emotionen zu verbinden. Sie ermutigen uns, langsamer zu werden und uns auf den gegenwärtigen Moment einzustimmen, und ermöglichen es uns, das, was wir fühlen, zu verarbeiten, anstatt uns davon überwältigen zu lassen. Dieses Kapitel führt die Leser durch verschiedene Methoden, die darauf abzielen, die Selbstregulationsfähigkeiten zu verbessern, und betont, dass diese Praktiken nicht nur vorteilhaft, sondern unerlässlich für jeden sind, der versucht, sich von Traumata und Stress zu heilen.

Macy erinnert uns daran, dass der Akt des Präsentseins – des Zeigens für sich selbst und andere – eine radikale Form der Liebe ist, die sowohl das Leben des Einzelnen als auch die kollektive Erfahrung verändern kann. In diesem Licht erscheint Selbstregulierung als eine Praxis des Mitgefühls mit sich selbst, die es uns ermöglicht, Raum für unseren Schmerz zu halten und gleichzeitig die Hoffnung auf Heilung zu fördern. Wenn wir uns gemeinsam auf diese Erkundung begeben, lassen Sie uns die Reise des tiefen Fühlens als einen Weg zu Befreiung und Verbundenheit annehmen und erkennen, dass wir durch die Konfrontation mit unseren emotionalen Wahrheiten nicht nur Türen für persönliches Wachstum, sondern auch für kollektive Heilung öffnen.

# Identifizieren von Auslösern

Die körperlichen Manifestationen von Stress und Angst können tiefgreifend und oft überwältigend sein und dienen als Erinnerung an die komplizierte Reaktion des Körpers auf wahrgenommene Bedrohungen. Wenn unser Körper mit Stressfaktoren konfrontiert wird, seien es unmittelbare Gefahren oder chronische Sorgen, führt er eine Reihe physiologischer Veränderungen durch, die als Kampf-oder-Flucht-Reaktion bekannt sind. Diese automatische Reaktion ist in unserer evolutionären Vergangenheit verwurzelt und darauf ausgelegt, uns auf das Überleben vorzubereiten, indem wir uns Gefahren stellen oder vor ihnen fliehen.

Eines der auffälligsten Symptome dieser Reaktion ist eine **erhöhte Herzfrequenz** oder Tachykardie. Während sich der Körper darauf vorbereitet, entweder zu kämpfen oder zu fliehen, schießt Adrenalin in den Blutkreislauf, wodurch das Herz schneller und kräftiger pumpt. Dieser erhöhte Zustand sorgt dafür, dass lebenswichtige Organe mehr Blut und Sauerstoff erhalten, was den Körper auf das Handeln vorbereitet. Daneben kommt es **zu einer schnellen Atmung,** da die Lunge härter arbeitet, um Sauerstoff aufzunehmen, was die Muskeln und das Gehirn für schnelle Reaktionen weiter antreibt. Individuen können sich dabei ertappen, wie sie flach atmen oder hyperventilieren, was Angstgefühle verschlimmern kann.

Eine weitere häufige körperliche Manifestation sind **Muskelverspannungen**. Der Körper spannt instinktiv die Muskeln an, um sich auf eine mögliche körperliche Anstrengung vorzubereiten. Diese Anspannung kann zu Unbehagen und Schmerzen führen, wenn sie über einen längeren Zeitraum anhält, und trägt zu einem Kreislauf aus Stress und körperlichem Unwohlsein bei. Darüber hinaus **nimmt das Schwitzen** oft zu, wenn der Körper versucht, sich in Erwartung der Anstrengung abzukühlen. Dies kann besonders belastend in sozialen Situationen sein, in denen übermäßiges Schwitzen als Zeichen von Nervosität oder Angst wahrgenommen werden kann.

Verdauungsprobleme gehen häufig auch mit Stress und Angstzuständen einher. Der Körper priorisiert Funktionen, die für das unmittelbare Überleben unerlässlich sind, und leitet oft Blut aus dem Verdauungssystem ab. Dies kann zu Symptomen wie Übelkeit, Magenkrämpfen oder sogar Durchfall führen. Diese Reaktionen zeigen, wie eng unsere emotionalen Zustände mit unserem körperlichen Wohlbefinden verbunden sind. Wenn wir uns bedroht oder ängstlich fühlen, reagiert unser Körper entsprechend.

Das Verständnis dieser Reaktionen ist von entscheidender Bedeutung, da sie Teil eines komplexen Systems sind, das darauf abzielt, unsere Sicherheit zu gewährleisten. Der Kampf-oder-Flucht-Mechanismus ist eine evolutionäre Anpassung, die es Menschen und anderen Tieren ermöglicht hat, potenziell lebensbedrohliche Situationen zu überleben. Wenn diese Reaktion jedoch zu häufig ausgelöst wird – z. B. in nicht bedrohlichen Situationen wie öffentlichen Reden oder der Einhaltung von Fristen – kann dies zu chronischen Stress- und Angststörungen führen. In solchen Fällen verharrt der Körper in einem erhöhten Wachzustand, der sich sowohl auf die geistige als auch auf die körperliche Gesundheit auswirken kann.

Um diese Herausforderungen effektiver zu bewältigen, ist es wichtig, sich auf die Signale unseres Körpers einzustimmen. Eine hilfreiche Praxis ist das Führen eines **Tagebuchs**, in dem neben emotionalen Zuständen auch körperliche Empfindungen aufgezeichnet werden. Durch die Dokumentation von Erfahrungen, bei denen Symptome auftreten – wie erhöhte Herzfrequenz oder Muskelverspannungen – können Einzelpersonen beginnen, Muster und Auslöser zu identifizieren, die mit ihren Stressreaktionen zusammenhängen. Dieses Bewusstsein kann Menschen dazu befähigen, Bewältigungsstrategien umzusetzen, die auf ihre Bedürfnisse zugeschnitten sind.

Darüber hinaus kann die Einbeziehung von Achtsamkeitstechniken wie tiefen Atemübungen oder progressiver Muskelentspannung dazu beitragen, die körperlichen Auswirkungen von Angstzuständen zu mildern. Diese Praktiken ermutigen den Einzelnen, sich auf beruhigende Weise wieder mit seinem Körper zu verbinden, und fördern ein Gefühl der Kontrolle über seine physiologischen Reaktionen. Indem sie sich auf diese Signale einstellen und mit Selbstfürsorgetechniken reagieren, können Einzelpersonen ihren Stress und ihre Angstzustände besser bewältigen und gleichzeitig das allgemeine Wohlbefinden fördern.

## Häufige Auslöser für Traumata-Flashbacks und Panikattacken

Das Verständnis der Auslöser, die zu Traumata-Flashbacks und Panikattacken führen können, ist für jeden, der sich in der Komplexität der postTraumatatischen Belastungsstörung (PTBS) oder der komplexen PTBS (C-PTBS) zurechtfindet, unerlässlich. Diese Auslöser können grob in innere und äußere Reize eingeteilt werden, die jeweils in der Lage sind, das Nervensystem zu aktivieren und intensive emotionale und körperliche Reaktionen hervorzurufen.

Innere Auslöser manifestieren sich oft als Gedanken, Erinnerungen oder Emotionen, die an das Traumatatische Ereignis erinnern. Zum Beispiel kann eine Person eine plötzliche Welle der Angst erleben, wenn sie sich an eine belastende Erinnerung erinnert, wie z. B. einen Unfall oder einen Überfall. Diese Erinnerung kann Gefühle von Angst, Hilflosigkeit oder Scham hervorrufen, die während des ursprünglichen Traumatas vorhanden waren. Solche emotionalen Reaktionen können zu physiologischen Reaktionen wie erhöhter Herzfrequenz, Schwitzen oder sogar Dissoziation führen, bei denen man sich von seinem Körper oder seiner Umgebung losgelöst fühlt.

Emotionale Flashbacks, die durch überwältigende Gefühle wie Traurigkeit oder Verlassenheit ohne klare visuelle oder auditive Hinweise gekennzeichnet sind, können auch durch alltägliche Situationen ausgelöst werden, die jemanden unbewusst an vergangene Traumata erinnern. Zum Beispiel kann Kritik Gefühle der Unzulänglichkeit hervorrufen, die auf Kindheitserfahrungen von Vernachlässigung oder Missbrauch beruhen.

Auf der anderen Seite sind äußere Auslöser oft greifbarer und können Geräusche, Gerüche, Orte oder sogar bestimmte Personen umfassen, die mit dem Traumatatischen Erlebnis in Verbindung gebracht werden. Ein lautes Geräusch könnte einen Kampfveteranen an Schüsse erinnern und einen Flashback auslösen, der sich anfühlt, als würde er das Ereignis noch einmal erleben. In ähnlicher Weise kann ein bestimmter Duft – vielleicht Eau de Cologne, das von einem Täter getragen wird – viszerale Reaktionen und Erinnerungen hervorrufen, die mit dem Traumata verbunden sind. Standorte können auch als aussagekräftige Erinnerungen dienen. Für jemanden, der ein Traumatatisches Ereignis in einer bestimmten Umgebung erlebt hat, kann die Rückkehr an diesen Ort Panikattacken oder intensiven emotionalen Stress auslösen. Der Jahrestag eines Traumatatischen Ereignisses wirkt oft auch als äußerer Auslöser und weckt Erinnerungen und Gefühle, die eine Person überwältigen können.

Die Aktivierung des Nervensystems als Reaktion auf diese Auslöser ist in den Überlebensmechanismen des Körpers verwurzelt. Wenn das Gehirn mit Erinnerungen an vergangene Traumata konfrontiert wird, nimmt es diese Reize als Bedrohung wahr und aktiviert die Kampf-

oder-Flucht-Reaktion. Diese Reaktion überflutet den Körper mit Stresshormonen wie Cortisol und Adrenalin und bereitet ihn auf sofortiges Handeln vor. Für Personen mit PTBS oder C-PTBS kann dieses System jedoch hyperaktiv werden; Selbst in sicheren Umgebungen können sie erhöhte Wachsamkeit oder Panik erleben. Die daraus resultierenden Panikattacken können lähmend sein und von Symptomen wie Brustschmerzen, Kurzatmigkeit, Schwindel und einem tiefen Gefühl des bevorstehenden Untergangs begleitet werden.

Das Erkennen persönlicher Auslöser ist ein wichtiger Schritt zur Heilung. Das Führen eines Tagebuchs, um Erfahrungen rund um Flashbacks oder Panikattacken zu dokumentieren, kann Einzelpersonen dabei helfen, Muster und Kontexte zu erkennen, in denen diese Reaktionen auftreten. Das Verständnis dieser Auslöser hilft nicht nur bei der Bewältigung von Reaktionen, sondern fördert auch das Selbstmitgefühl und die Einsicht in die eigene emotionale Landschaft. Es ist wichtig, sich dieser Erkundung mit Geduld und Freundlichkeit gegenüber sich selbst zu nähern; Das Aufdecken dieser Auslöser ist nicht nur eine Übung in Selbsterkenntnis, sondern eine Reise zur Wiedererlangung der eigenen Erzählung und des Gefühls der Sicherheit in der Welt.

# Entspannungstechniken:

Die Progressive Muskelentspannung (PMR) ist eine kraftvolle Technik, die entwickelt wurde, um sowohl die körperliche als auch die geistige Entspannung zu fördern. Die PMR wurde in den 1920er Jahren von Dr. Edmund Jacobson entwickelt und basiert auf der Prämisse, dass körperliche Entspannung zu geistiger Ruhe führen kann. Bei dieser Methode werden verschiedene Muskelgruppen im ganzen Körper systematisch angespannt und dann entspannt, um dem Einzelnen zu helfen, sich seiner körperlichen Empfindungen bewusster zu werden und Stress abzubauen.

Um mit dem Üben von PMR zu beginnen, suchen Sie sich einen ruhigen und bequemen Ort, an dem Sie ohne Ablenkungen entweder sitzen oder liegen können. Es ist von Vorteil, lockere Kleidung zu tragen und sich einen Moment Zeit zu nehmen, um sich in der von Ihnen gewählten Position niederzulassen. Beginnen Sie damit, mehrmals tief einzuatmen, durch die Nase einzuatmen und durch den Mund auszuatmen. Diese anfängliche Konzentration auf Ihren Atem schafft die Voraussetzungen für Entspannung und hilft, Ihren Kopf frei zu bekommen.

Der Prozess der PMR beginnt bei Ihren Füßen. Beginnen Sie damit, Ihre Zehen etwa fünf Sekunden lang fest zu krümmen, während Sie tief einatmen. Spüre, wie sich die Anspannung in deinen Zehen und Füßen aufbaut, und löse die Anspannung dann plötzlich, wenn du ausatmest, damit sich deine Füße vollständig entspannen können. Verbringen Sie ein paar Augenblicke damit, den Unterschied zwischen der Anspannung und der Entspannung zu bemerken. Dieses Bewusstsein ist entscheidend, da es dir hilft zu erkennen, wie sich Spannungen in deinem Körper manifestieren.

Gehen Sie als Nächstes zu Ihren Waden über. Spannen Sie diese Muskeln an, indem Sie mit den Zehen auf sich zeigen, während Sie einige Sekunden lang den Atem anhalten. Lassen Sie dann los und spüren Sie, wie die Entspannung Sie beim Ausatmen überflutet. Setze dieses Muster fort, während du dich durch jede Muskelgruppe nach oben arbeitest: Spanne deine Oberschenkel an, drücke dein Gesäß zusammen und spanne deine Bauchmuskeln an, wobei du dem gleichen Rhythmus des Anspannens und Loslassens folgst.

Wenn du zu deinem Oberkörper übergehst, spanne deine Hände zu Fäusten an, halte sie einen Moment lang und lasse sie dann los. Bewege dich zu deinen Armen und ziehe sie zu deinen Schultern, als ob du einen Muskel aufbauen würdest. Spüre, wie sich die Spannung aufbaut, bevor du sie vollständig löst. Konzentrieren Sie sich als Nächstes auf Ihre Schultern; Hebe sie in Richtung deiner Ohren und halte sie, bevor du sie in einem entspannenden Seufzer nach unten fallen lässt.

Gehen Sie zum Nacken und Gesicht über, neigen Sie Ihren Kopf sanft nach hinten, während Sie die Nackenmuskulatur anspannen, und entspannen Sie sich dann. Kneifen Sie die Augen fest zusammen und schürzen Sie die Lippen, bevor Sie alle Spannungen aus diesen Bereichen lösen. Zum Schluss atmen Sie tief durch und konzentrieren sich dabei auf die Restspannung in der Stirn oder im Kiefer.

Während dieses Prozesses spielt die tiefe Atmung eine wesentliche Rolle. Atmen Sie tief ein, wenn Sie jede Muskelgruppe anspannen, und atmen Sie vollständig aus, wenn Sie sie entspannen. Diese synchronisierte Atmung verbessert nicht nur die Entspannungsreaktion, sondern hilft auch, Ihr Bewusstsein im gegenwärtigen Moment zu verankern.

Die Vorteile von PMR sind umfangreich. Regelmäßiges Üben kann Muskelverspannungen deutlich reduzieren, die Herzfrequenz senken und ein allgemeines Gefühl der Ruhe fördern. Untersuchungen haben gezeigt, dass PMR Symptome von Angst und Stress lindern kann, während es die Schlafqualität verbessert und sogar bei der Behandlung chronischer Schmerzen hilft. Indem Sie PMR in Ihre Routine integrieren – idealerweise für 10 bis 20 Minuten pro Tag – können Sie ein größeres Bewusstsein für körperliche Empfindungen entwickeln und lernen, zu erkennen, wann Sie unnötig Anspannung halten.

Ermutigend ist, dass PMR für jeden zugänglich ist; Es erfordert keine spezielle Ausrüstung oder umfangreiche Schulung, was es zu einem idealen Werkzeug zur Steigerung des allgemeinen Wohlbefindens macht. Wenn Sie regelmäßig üben, wird es Ihnen wahrscheinlich leichter fallen, diesen Zustand der Entspannung bei Bedarf zu nutzen, um die Widerstandsfähigkeit gegen den Stress des Lebens zu fördern und gleichzeitig Körper und Geist zu nähren.

# Joga Nidra

## Eine geführte Entspannungstechnik, die tiefe Ruhe und Heilung fördert.

Yoga Nidra, oft als "yogischer Schlaf" bezeichnet, ist eine transformative geführte Entspannungstechnik, die Praktizierende in einen tiefen Zustand der Ruhe und Heilung einlädt. Die Praxis beginnt damit, eine bequeme Position zu finden, typischerweise auf dem Rücken liegend in **der Leichenhaltung** (Shavasana). Diese Position ermöglicht es dem Körper, sich vollständig dem Boden hinzugeben, was ein Gefühl von Sicherheit und Entspannung fördert. Um sich auf Ihre Sitzung

vorzubereiten, ist es von Vorteil, einen ruhigen Ort zu wählen, an dem Sie nicht gestört werden. Vielleicht möchten Sie das Licht dimmen und eine Decke für zusätzlichen Komfort verwenden.

Wenn du dich eingelebt hast, schließe die Augen und atme ein paar Mal tief durch, um alle Anspannungen oder Ablenkungen von deinem Tag loszulassen.

Sobald du dich wohl fühlst, beginnt die geführte Meditation. Der Instruktor führt Sie durch einen Prozess, der als Bodyscanning bekannt ist und bei dem Sie Ihre Aufmerksamkeit nacheinander auf jeden Teil Ihres Körpers richten. Ausgehend von deinem rechten Fuß lenkst du deine Aufmerksamkeit für einige Augenblicke dorthin, entspannst sie bewusst, bevor du dich auf dein Knie, deinen Oberschenkel und deine Hüfte bewegst. Dieser Prozess setzt sich in jedem Teil deines Körpers fort – rechtes Bein, linkes Bein, Oberkörper, Arme, Hals, Gesicht und Kopf – und ermöglicht es dir, ein tiefes Gefühl der Entspannung und des Bewusstseins zu kultivieren. Die Schönheit von Yoga Nidra liegt in seiner Fähigkeit, dich in einem Zustand bewusster Wahrnehmung zu halten und dich gleichzeitig zu tiefer Entspannung zu führen; Es geht nicht ums Einschlafen, sondern darum, in einen erholsamen Zustand zu gelangen, der Körper und Geist verjüngt.

Die Vorteile von Yoga Nidra sind vielfältig. Viele Praktizierende finden, dass es den Stresspegel erheblich reduziert, indem es das parasympathische Nervensystem aktiviert, was einen Zustand der Ruhe und Entspannung fördert. Diese Praxis kann helfen, Symptome von Angstzuständen und Depressionen zu lindern und gleichzeitig das allgemeine emotionale Wohlbefinden zu verbessern. Durch die regelmäßige Teilnahme an Yoga Nidra berichten Menschen oft von einer besseren

Schlafqualität und einer verbesserten Fähigkeit, mit täglichen Stressfaktoren umzugehen. Die Praxis fördert die Selbstwahrnehmung und Selbstbeobachtung und ermöglicht es dem Einzelnen, sich mit Emotionen auseinanderzusetzen und sie zu verarbeiten, ohne überwältigt zu werden.

Yoga Nidra in deine Selbstfürsorge-Routine zu integrieren, kann so einfach sein, wie ein paar Mal pro Woche 20-40 Minuten Zeit zu nehmen. Es stehen zahlreiche Ressourcen für geführte Sitzungen zur Verfügung, die auf unterschiedliche Bedürfnisse und Vorlieben zugeschnitten sind. Du kannst kostenlose geführte Meditationen auf Plattformen wie YouTube oder über spezielle Meditations-Apps finden. Für diejenigen, die neu in der Praxis sind oder eine strukturierte Anleitung suchen, sollten Sie Programme wie "Effortless Yoga Nidra" in Betracht ziehen, die umfassende Einführungen in diese restaurative Technik bieten.

# Eine sanfte Form der Bewegung, die Bewegung, Atmung und Meditation kombiniert.

Tai Chi, oft als "Meditation in Bewegung" bezeichnet, ist eine sanfte, aber zutiefst wirkungsvolle Form der Übung, die Bewegung, Atmung und Meditation in Einklang bringt. Tai Chi ist in alten chinesischen Kampfkünsten verwurzelt und betont langsame, fließende Bewegungen, die sowohl das körperliche als auch das geistige Wohlbefinden fördern. Bei dieser Praxis geht es nicht nur um körperliche Anstrengung; Es lädt die Praktizierenden ein, sich tief mit ihrem Atem zu beschäftigen und die Verbindung zwischen Geist und Körper zu stärken. Während Sie sich durch seine anmutigen Haltungen bewegen, werden Sie feststellen, dass jede Bewegung von einer tiefen, zwerchfellartigen Atmung begleitet wird, die dazu dient, Sie zu erden und ein Gefühl der Ruhe zu fördern.

Im Mittelpunkt des Tai Chi stehen seine Leitprinzipien: Der Fokus auf langsame und bewusste Bewegungen fördert die Achtsamkeit und das Bewusstsein für den gegenwärtigen Moment. Jede Sequenz geht nahtlos in die nächste über und erzeugt einen meditativen Rhythmus, der den Geist beruhigt und gleichzeitig den Körper belebt. Die Atemtechniken, die für Tai Chi unerlässlich sind, sind so konzipiert, dass sie den Energieaustausch erleichtern. Das Einatmen bei ausladenden Bewegungen und das Ausatmen während der Kontraktionen fördert den natürlichen Fluss der Lebensenergie im ganzen Körper. Diese Synchronisation von Atem und Bewegung verbessert nicht nur die Entspannung, sondern fördert auch eine bessere Sauerstoffversorgung des Körpers, was dazu beitragen kann, Stresshormone wie Cortisol zu reduzieren.

Die körperlichen Vorteile von Tai Chi sind vielfältig. Regelmäßiges Üben kann zu einem verbesserten Gleichgewicht und einer verbesserten Flexibilität führen, was es zu einer ausgezeichneten Wahl für Menschen jeden Alters und Fitnessniveaus macht. Die Forschung zeigt, dass Tai Chi die Propriozeption – die Fähigkeit des Körpers, seine Position im Raum zu spüren – verbessern und dadurch das Risiko von Stürzen verringern kann, insbesondere bei älteren Erwachsenen. Darüber hinaus hat sich gezeigt, dass es Schmerzen und Steifheit lindert, die mit verschiedenen Erkrankungen wie Arthritis verbunden sind, und das allgemeine Wohlbefinden von Menschen mit chronischen Krankheiten wie Typ-2-Diabetes verbessert. Mental dient Tai Chi als mächtiges Werkzeug zum Stressabbau; Seine meditativen Aspekte helfen, den Geist zu beruhigen und die emotionale Widerstandsfähigkeit zu fördern.

Für diejenigen, die neu im Tai Chi sind, ist es wichtig, ein unterstützendes Umfeld zu finden. Erwägen Sie, an einem lokalen Kurs teilzunehmen oder nach Online-Tutorials zu suchen, die bei Ihnen Anklang finden. Viele Gemeindezentren oder Fitnessstudios bieten Einführungssitzungen an, in denen Sie von erfahrenen Trainern lernen können, die Sie sicher durch die grundlegenden Bewegungen führen können. Wenn Sie lieber zu Hause üben möchten, können Lehrvideos wertvolle Einblicke in den Bewegungsfluss und die Atemtechniken geben. Denken Sie daran, dass Tai Chi sehr anpassungsfähig ist; Unabhängig davon, ob Sie stehen oder sitzen, gibt es Modifikationen, um verschiedenen körperlichen Fähigkeiten gerecht zu werden.

Wenn du dich auf deine Tai-Chi-Reise begibst, nimm den Prozess mit offenem Herzen und Geist an. Erlauben Sie sich, diese sanfte und dennoch kraftvolle Praxis als Mittel zur Förderung der Selbstregulierung und zur Verbesserung Ihrer allgemeinen Gesundheit zu erkunden. Mit Geduld und Konsequenz werden Sie vielleicht feststellen, dass Tai Chi nicht nur Ihre körperlichen Fähigkeiten bereichert, sondern auch Ihre geistige Klarheit und Ihr emotionales Gleichgewicht fördert.

# Emotionale Regulation

Die Beziehung zwischen Emotionen und dem Körper ist tiefgreifend und kompliziert und zeigt, wie tief unsere mentalen und physischen Zustände wirklich miteinander verflochten sind. Emotionen sind nicht nur abstrakte Gefühle; Sie manifestieren sich als greifbare körperliche Empfindungen, die im ganzen Körper spürbar sind. Wenn wir zum Beispiel Freude empfinden, spüren wir vielleicht einen Energieschub, eine Leichtigkeit in unserem Schritt oder sogar eine Wärme, die sich in unserer Brust ausbreitet. Umgekehrt können Emotionen wie Angst unsere Muskeln anspannen, einen Kloß im Hals verursachen oder ein Aufwühlen in unserem Magen auslösen. Diese Verbindung wird oft als Geist-Körper-Verbindung bezeichnet und verdeutlicht, wie unsere emotionalen Erfahrungen physiologische Reaktionen auslösen, die uns darauf vorbereiten, uns verschiedenen Umweltherausforderungen zu stellen.

Die Forschung hat gezeigt, dass verschiedene Emotionen bestimmten Mustern körperlicher Empfindungen entsprechen. Studien haben zum Beispiel Karten erstellt, die veranschaulichen, wo Menschen unterschiedliche Emotionen in ihrem Körper empfinden. Die Teilnehmer berichteten von Empfindungen, die mit grundlegenden Emotionen wie Angst, Wut und Glück verbunden sind, was konsistente Muster in allen Kulturen hervorhebt. Angst führt in der Regel zu einer erhöhten Herzfrequenz und Muskelspannung, während Glück ein Gefühl von Leichtigkeit und Entspannung im ganzen Körper erzeugen kann. Dieses Phänomen deutet darauf hin, dass Emotionen nicht nur in unserem Verstand, sondern auch in unseren somatischen Systemen repräsentiert werden, da unser Körper auf emotionale Reize auf eine Weise reagiert, die sowohl tiefgreifend als auch universell sein kann.

Denken Sie an Angstzustände: Sie manifestieren sich oft körperlich durch Muskelverspannungen und eine erhöhte Herzfrequenz. Wenn sie mit einer stressigen Situation konfrontiert werden – wie z. B. einer wichtigen Präsentation – erleben viele Menschen ein Engegefühl in den Schultern oder ein rasendes Herz. Diese Empfindungen sind nicht nur Nebenwirkungen; Sie dienen als Signale des Körpers, dass etwas nicht stimmt, und veranlassen uns, Maßnahmen zu ergreifen oder Linderung zu suchen. Auf der anderen Seite, wenn wir uns mit Entspannungstechniken wie tiefem Atmen oder

Meditation beschäftigen, können wir eine signifikante Veränderung unseres emotionalen Zustands bemerken. Diese Übungen können helfen, aufgebaute Spannungen zu lösen und ein Gefühl der Ruhe und Klarheit zu fördern.

Die Rückkopplungsschleife zwischen Emotionen und körperlichen Empfindungen ist mächtig. Wenn sich jemand zum Beispiel traurig oder deprimiert fühlt, kann er Veränderungen in seiner Haltung bemerken — hängende Schultern oder einen gesenkten Blick —, die Gefühle der Traurigkeit weiter verstärken können. Umgekehrt kann eine offene Haltung oder ein Lächeln — auch wenn wir uns nicht besonders glücklich fühlen — manchmal unsere Stimmung heben. Dieses Zusammenspiel zeigt, wie unser körperlicher Zustand unsere emotionale Erfahrung genauso beeinflussen kann, wie unsere Emotionen unsere körperlichen Empfindungen beeinflussen können.

Achtsamkeits- und Körperwahrnehmungspraktiken bieten wertvolle Werkzeuge, um diese Verbindung weiter zu erforschen. Indem wir uns auf unseren Körper einstimmen und uns bewusst werden, wie wir Emotionen physisch erleben, können wir eine größere emotionale Intelligenz kultivieren. Techniken wie Bodyscans oder achtsame Bewegungen ermutigen uns, auf das zu hören, was unser Körper uns sagt. Wenn wir uns zum Beispiel in Momenten von Stress oder Angst Zeit nehmen, um zu bemerken, wo wir Anspannung empfinden, können wir die zugrunde liegenden Emotionen identifizieren, die im Spiel sind. Dieses Bewusstsein kann uns befähigen, diese Gefühle effektiver anzugehen.

## Gesunde Wege, Emotionen auszudrücken und zu verarbeiten.

Ein gesunder emotionaler Ausdruck und eine gesunde Verarbeitung sind für die Aufrechterhaltung unseres psychischen Wohlbefindens unerlässlich. Die Reise beginnt damit, dass wir unsere Gefühle anerkennen, egal ob sie aus Freude oder Trauer, Wut oder Angst entstehen. Eine effektive Strategie ist **das Tagebuchschreiben**, das einen sicheren Raum bietet, um Gedanken und Emotionen ohne Urteil zu erforschen. Das Schreiben ermöglicht es uns, Gefühle zu artikulieren, die sonst unausgesprochen bleiben würden, und bietet Klarheit und Einblick in unsere emotionale Landschaft. Wenn wir den Stift zu Papier bringen, können wir über unsere Erfahrungen nachdenken, Muster erkennen und sogar zugrunde liegende Probleme aufdecken, die möglicherweise angegangen werden müssen.

Gespräche mit vertrauenswürdigen Freunden oder Therapeuten können ebenfalls ein wirksames Mittel sein, um Emotionen zu verarbeiten. Wenn wir darüber sprechen, was wir fühlen, hilft das, diese Emotionen nach außen zu tragen und sie besser handhabbar zu machen. Ein unterstützender Freund kann uns eine Perspektive geben, während ein Therapeut uns durch eine tiefere emotionale Arbeit führen kann. Beide Wege fördern Verletzlichkeit und fördern Verbindungen, die uns daran erinnern, dass wir mit unseren Kämpfen nicht allein sind.

**Kreative Aktivitäten** wie Kunst oder Musik dienen als eine weitere Möglichkeit, sich emotional auszudrücken. Diese Formen der Kreativität ermöglichen es uns, Gefühle in etwas Greifbares zu kanalisieren, sei es durch Malen, Spielen eines Instruments oder sogar Tanzen. Sich kreativ zu betätigen, kann unglaublich kathartisch sein; Sie ermöglichen es uns, komplexe Emotionen auszudrücken, die Worte vielleicht nicht erfassen können. Dieser Prozess verschafft nicht nur Erleichterung, sondern fördert auch die Selbstfindung und das persönliche Wachstum.

Das Setzen von Grenzen ist auch für die emotionale Gesundheit von entscheidender Bedeutung. Es ist wichtig, unsere Bedürfnisse effektiv zu kommunizieren und sicherzustellen, dass wir unseren emotionalen Raum schützen und der Selbstfürsorge Vorrang einräumen. Grenzen helfen uns, gesünder in Beziehungen zu navigieren, indem sie es uns ermöglichen, auszudrücken, was akzeptabel ist und was nicht. Diese Praxis fördert den gegenseitigen Respekt und das gegenseitige Verständnis im Umgang mit anderen.

Wenn es darum geht, mit schwierigen Emotionen wie Wut, Traurigkeit und Angst umzugehen, können mehrere Strategien von Vorteil sein. Erstens **spielt Achtsamkeit** eine wichtige Rolle bei der emotionalen Regulation. Indem wir uns unserer Gefühle bewusst werden, ohne sie zu verurteilen, können wir sie beobachten, anstatt impulsiv zu reagieren. Diese Praxis ermutigt uns, mit unseren Emotionen umzugehen und ihre Präsenz anzuerkennen, ohne den Druck zu haben, sie sofort zu ändern. Wenn wir zum Beispiel spüren, wie Wut in uns aufsteigt, anstatt sie auszustoßen oder zu unterdrücken, können wir uns einen Moment Zeit nehmen, um tief durchzuatmen und darüber nachzudenken, was diese Emotion ausgelöst hat.

Selbstmitgefühl ist ein weiterer wichtiger Aspekt bei der Verarbeitung schwieriger Gefühle. Anstatt uns selbst dafür zu kritisieren, dass wir negative Emotionen erleben, sollten wir uns selbst mit der gleichen Freundlichkeit behandeln, die wir einem Freund in einer ähnlichen

Situation entgegenbringen würden. Dieser Perspektivwechsel ermöglicht es uns, unsere Erfahrungen zu validieren und die Tendenz zu reduzieren, in Schuld oder Scham zu verfallen.

Darüber hinaus ist es wichtig, die Ursache unserer Emotionen zu identifizieren. Wenn wir Traurigkeit oder Angst empfinden, können wir uns Fragen stellen wie "Wovor habe ich wirklich Angst?" oder "Was ist die Ursache dieser Traurigkeit?", um unsere Gefühle zu klären und uns zu konstruktivem Handeln zu führen. Wenn wir diese Emotionen benennen, verringert sich ihre Macht über uns; Es verwandelt überwältigende Gefühle in überschaubare Konzepte, die wir ansprechen können.

Schließlich ist es wichtig, positive Selbstgespräche zu führen, wenn es darum geht, herausfordernde Emotionen zu bewältigen. Anstatt negativen Erzählungen zu erliegen – wie "Ich hätte das besser handhaben sollen" – können wir unsere Gedanken in unterstützendere Aussagen wie "Ich gebe mein Bestes" oder "Es ist in Ordnung, sich so zu fühlen" umformulieren. Diese Praxis lindert nicht nur emotionalen Stress, sondern fördert auch die Widerstandsfähigkeit angesichts von Widrigkeiten.

## Achtsamkeitstechniken für den Umgang mit schwierigen Emotionen

Achtsamkeit ist eine kraftvolle Praxis, die ein nicht wertendes Bewusstsein für den gegenwärtigen Moment fördert und es uns ermöglicht, uns mit unseren Gedanken und Gefühlen auseinanderzusetzen, ohne von ihnen überwältigt zu werden. Im Kern lädt uns Achtsamkeit ein, unsere Emotionen zu beobachten, wenn sie aufkommen, und ihre Präsenz anzuerkennen, ohne sie als gut oder schlecht abzustempeln. Dieser Ansatz fördert ein tieferes

Verständnis unserer emotionalen Landschaft und ermöglicht es uns, schwierige Emotionen effektiver zu bewältigen. Wenn wir Achtsamkeit üben, kultivieren wir eine Umgebung, in der Emotionen gefühlt und verarbeitet werden können, anstatt sie zu unterdrücken oder zu ignorieren.

Eine der zugänglichsten Achtsamkeitstechniken ist die Konzentration auf den Atem. Bei dieser Praxis geht es darum, sich einen Moment Zeit zu nehmen, um tief und bewusst zu atmen und auf jedes Ein- und Ausatmen zu achten. Wenn Gedanken und Gefühle aufkommen, besteht das Ziel nicht darin, sie zu verdrängen, sondern sie anzuerkennen und sanft wieder auf den Atem zu fokussieren. Diese einfache Handlung kann in turbulenten emotionalen Zeiten als Anker dienen und uns helfen, uns im gegenwärtigen Moment zu erden. In ähnlicher Weise ist die Body-Scan-Meditation eine weitere effektive Technik, bei der Einzelpersonen ihren Körper geistig von Kopf bis Fuß scannen und Bereiche mit Anspannung oder Unbehagen bemerken. Diese Praxis fördert nicht nur die Entspannung, sondern verbessert auch das Körperbewusstsein und ermöglicht es uns, körperliche Empfindungen mit emotionalen Erfahrungen zu verbinden.

Die Meditation der liebenden Güte ist eine weitere wertvolle Achtsamkeitspraxis, die besonders nützlich sein kann, um schwierige Emotionen zu bewältigen. Bei dieser Technik werden leise Sätze wiederholt, die Wohlwollen und Mitgefühl gegenüber sich selbst und anderen ausdrücken. Indem wir Gefühle der Liebe und Güte kultivieren, können wir die Ränder negativer Emotionen wie Wut oder Groll mildern. Diese Praxis fördert ein Gefühl der Verbundenheit mit uns selbst und anderen und erinnert uns daran, dass wir mit unseren Kämpfen nicht allein sind.

Die Vorteile, die sich daraus ergeben, dass wir Achtsamkeit in unser tägliches Leben integrieren, sind tiefgreifend. Die Forschung hat gezeigt, dass regelmäßige Achtsamkeitspraxis zu einer erhöhten emotionalen Widerstandsfähigkeit führen kann, die es dem Einzelnen ermöglicht, sich schneller von Rückschlägen zu erholen. Es wurde auch mit einem reduzierten Stresslevel, einer verbesserten Konzentration und einem verbesserten allgemeinen Wohlbefinden in Verbindung gebracht. Indem wir lernen, unsere Emotionen ohne Urteil zu beobachten, gewinnen wir Klarheit und Perspektive, die unsere Reaktion auf die Herausforderungen des Lebens verändern können. Achtsamkeit hilft uns zu erkennen, dass Emotionen vorübergehend sind; Sie ebben und fluten wie Wellen im Ozean. Dieses Verständnis befähigt uns, schwierige Gefühle mit größerer Leichtigkeit zu bewältigen.

Um die Vorteile der Achtsamkeit wirklich zu nutzen, ist es wichtig, regelmäßig zu üben. So wie körperliche Bewegung den Körper stärkt, kultiviert konsequente Achtsamkeitspraxis geistige Klarheit und emotionale Stabilität. Indem wir uns jeden Tag Zeit nehmen – sei es durch Meditation, achtsame Atemübungen oder einfach nur durch Präsenz bei täglichen Aktivitäten – können wir ein größeres Gefühl von innerem Frieden und Kontrolle über unsere emotionalen Reaktionen entwickeln. Wenn wir Achtsamkeit als unterstützendes Werkzeug in unserem Leben annehmen, können wir Herausforderungen mit ruhigem Herzen und offenem Geist begegnen und so unsere Widerstandsfähigkeit gegenüber Widrigkeiten fördern.

# Erdung und Zentrierung

Erdungstechniken spielen eine wichtige Rolle bei der Förderung des Bewusstseins für den gegenwärtigen Moment und der emotionalen Stabilität, insbesondere in unserem schnelllebigen, oft überwältigenden Leben. Diese Methoden dienen als Anker und helfen uns, unseren Fokus von belastenden Gedanken und Gefühlen zurück auf das Hier und Jetzt zu lenken. Indem wir unsere Sinne und unser Körperbewusstsein aktivieren, können Erdungstechniken Ängste effektiv beruhigen und ein Gefühl der Kontrolle inmitten des Chaos fördern.

Eine der beliebtesten Erdungstechniken ist die **5-4-3-2-1-Methode**. Diese Übung lädt Sie ein, fünf Dinge zu identifizieren, die Sie sehen können, vier Dinge, die Sie berühren können, drei Dinge, die Sie hören können, zwei Dinge, die Sie riechen können, und eine Sache, die Sie schmecken können. Diese sensorische Beschäftigung lenkt nicht nur von ängstlichen Gedanken ab, sondern lässt Sie auch in Ihre unmittelbare Umgebung eintauchen und ermöglicht es Ihnen, die Details zu schätzen, die oft unbemerkt bleiben. Wenn du zum Beispiel deine Umgebung beobachtest, könntest du die komplizierten Muster auf einem Teppich oder das sanfte Wiegen eines Baumes vor deinem Fenster bemerken. Dieser einfache Akt der Beobachtung hilft, einen mentalen Raum zu schaffen, in dem Angst nicht gedeihen kann.

Tiefes Atmen ist eine weitere grundlegende Erdungstechnik, die sowohl zugänglich als auch effektiv ist. Wenn Gefühle der Überforderung aufkommen, kann es transformativ sein, sich auf deinen Atem zu konzentrieren. Indem Sie langsam, tief einatmen – durch die Nase einatmen und durch den Mund ausatmen – aktivieren Sie die Entspannungsreaktion Ihres Körpers. Diese Praxis beruhigt nicht nur das Nervensystem, sondern lenkt auch deine Aufmerksamkeit zurück auf deinen Körper und stärkt deine Verbindung zum gegenwärtigen Moment. Während du tief atmest, achte darauf, wie sich jeder Atemzug anfühlt, wenn er deine Lungen füllt und wie es sich anfühlt, ihn loszulassen. Diese achtsame Atmung schafft einen Rhythmus, der rasende Gedanken beruhigen und das emotionale Gleichgewicht wiederherstellen kann.

Körperliche Bewegung dient auch als kraftvolle Erdungstechnik. Aktivitäten wie Gehen, Dehnen oder sogar Tanzen ermöglichen es, aufgestaute Energie und Anspannung abzubauen. Bewegung fördert die Durchblutung und kann Ihren Fokus von innerer Unruhe auf die Empfindungen in Ihrem Körper verlagern – wie sich Ihre Füße auf dem Boden anfühlen oder wie sich Ihre Muskeln dehnen und zusammenziehen. Selbst etwas so Einfaches wie das Aufstehen und Ausschütteln der Gliedmaßen kann helfen, deinen emotionalen Zustand zurückzusetzen und dich wieder mit der physischen Welt um dich herum zu verbinden.

Die Integration dieser Erdungstechniken in das tägliche Leben hilft nicht nur bei der Bewältigung von akutem Stress, sondern kultiviert auch eine Gewohnheit der Achtsamkeit, die die allgemeine emotionale Widerstandsfähigkeit verbessert. Die Schönheit dieser Praktiken liegt in ihrer Einfachheit; Sie erfordern keine spezielle Ausrüstung oder umfangreiche Schulung, so dass sie für jeden zugänglich sind, der Linderung von Angstzuständen oder emotionalem Stress sucht. Indem Sie diese Techniken regelmäßig üben – auch wenn Sie sich nicht überfordert fühlen – bauen Sie ein Toolkit auf, das Sie auf die unvermeidlichen Herausforderungen des Lebens vorbereitet. Durch diesen unterstützenden Ansatz befähigen Erdungstechniken den Einzelnen, sein Gefühl der Handlungsfähigkeit und Präsenz in einer sich ständig verändernden Welt zurückzugewinnen.

# Zentrierende Übungen, um sich mit Ihrem Körper zu verbinden und Ihren Geist zu beruhigen

Zentrierungsübungen dienen als kraftvolle Brücke, um sich mit unserem Körper zu verbinden und einen ruhigen, fokussierten Geist zu kultivieren. Diese Praktiken laden uns ein, langsamer zu werden, tief durchzuatmen und uns auf unsere körperlichen Empfindungen einzustimmen, um ein Heiligtum der

Achtsamkeit inmitten des Chaos des täglichen Lebens zu schaffen. Zu den effektivsten Zentrierungsübungen gehören der **3-teilige Atem,** die **Wurzelvisualisierung** und der **Bodyscan**. Jede dieser Techniken bietet einzigartige Vorteile, die unser allgemeines Wohlbefinden steigern und gleichzeitig Stress abbauen und die Konzentration verbessern.

Der **3-teilige Atem**, auch bekannt als Dirga Pranayama, ist eine grundlegende Atemübung, die es uns ermöglicht, uns voll und ganz auf unseren Atem und unseren Körper einzulassen. Um diese Technik zu üben;

- Suchen Sie sich eine bequeme Position, entweder im Sitzen oder im Liegen.
- Beginne damit, die Augen zu schließen und dir einen Moment Zeit zu nehmen, um deinen natürlichen Atem zu bemerken, ohne ihn zu verändern.

Dieser erste Schritt hilft, den Geist zu beruhigen und bereitet Sie auf eine tiefere Auseinandersetzung vor. In der ersten Phase atmen Sie tief durch die Nase ein und leiten den Atem in Ihren Bauch. Fühlen Sie, wie es sich wie ein Ballon ausdehnt; Atmen Sie dann langsam aus und ziehen Sie Ihren Nabel in Richtung Ihrer Wirbelsäule, um die gesamte Luft abzulassen.

Nach mehreren Zyklen dieser tiefen Bauchatmung gehen Sie zu Phase zwei über: Atmen Sie wieder in Ihren Bauch ein, lassen Sie dann den Atem in Ihren Brustkorb steigen und spüren Sie, wie er sich weitet. Atme zuerst aus den Rippen aus, bevor du den Atem aus deinem Bauch lässt. In Phase drei füllst du schließlich deine obere Brust, nachdem Bauch und Brustkorb voll sind. Lassen Sie beim Ausatmen die Luft aus Ihrer Brust, dann aus den Rippen und schließlich aus dem Bauch entweichen. Diese strukturierte Atmung beruhigt nicht nur den Geist, sondern stimuliert auch das parasympathische Nervensystem, fördert die Entspannung und reduziert Angstzustände.

Eine weitere effektive Übung ist die **Wurzel-Visualisierung**, die dir hilft, dich im gegenwärtigen Moment zu erden. Stell dir vor, wie Wurzeln von deinen Fußsohlen in die Erde unter dir wachsen. Wenn du dir vorstellst, wie sich diese Wurzeln tiefer in den Boden erstrecken, fühle ein Gefühl von Stabilität und Unterstützung, das aus dieser Verbindung entsteht. Diese Bilder können Gefühle von Sicherheit und Ruhe hervorrufen und es einfacher machen, Spannungen und Ängste abzubauen. Indem du dich auf dieses erdende Gefühl konzentrierst, schaffst du einen mentalen Anker, der dir hilft, präsent und zentriert zu bleiben.

Der **Body Scan** ist eine weitere kraftvolle Zentrierungspraxis, die das Bewusstsein für jeden Teil Ihres Körpers einlädt und gleichzeitig die Entspannung fördert. Beginnen Sie damit, sich bequem hinzulegen oder in einer entspannten Position zu sitzen. Schließen Sie die Augen und atmen Sie ein paar Mal tief durch, um sich einzugewöhnen. Beginnen Sie mit den Zehen und bewegen Sie sich durch jeden Teil Ihres Körpers nach oben, konzentrieren Sie sich auf alle Empfindungen, die Sie spüren – Enge, Wärme oder Kribbeln – und lösen Sie bewusst alle Spannungen beim Ausatmen. Diese Praxis verbessert nicht nur das Körperbewusstsein, sondern fördert auch eine tiefere Verbindung zwischen Geist und Körper.

Zentrierübungen wie diese bringen zahlreiche Vorteile mit sich, die über die reine Entspannung hinausgehen. Sie können den Stresspegel deutlich reduzieren, indem sie die Entspannungsreaktion des Körpers aktivieren, was Stresshormonen entgegenwirkt

und das Gefühl der Ruhe fördert. Darüber hinaus verbessern diese Übungen die Konzentration, indem sie den Geist trainieren, sich auf bestimmte Empfindungen oder Atemmuster zu konzentrieren, anstatt sich in Ablenkungen oder rasenden Gedanken zu verlieren. Im Laufe der Zeit kann regelmäßiges Üben zu einem verbesserten allgemeinen Wohlbefinden führen, einschließlich einer besseren emotionalen Regulation und einer erhöhten Widerstandsfähigkeit gegenüber den Herausforderungen des Lebens.

Durch diese einfachen, aber tiefgründigen Übungen lernen wir, uns wieder mit unserem Körper zu verbinden und ein Gefühl des inneren Friedens zu kultivieren, das unsere täglichen Erfahrungen verändern kann. Indem wir Zentrierungspraktiken in unsere Routinen integrieren, verbessern wir nicht nur unsere geistige Klarheit, sondern fördern auch unsere körperliche Gesundheit – und schaffen so einen ganzheitlichen Ansatz für das Wohlbefinden, der uns befähigt, das Leben mit Anmut und Leichtigkeit zu meistern.

## Kombination von Erdung und Zentrierung für eine optimale Selbstregulierung

Die Kombination von Erdungs- und Zentrierungstechniken kann die Selbstregulation erheblich verbessern und es dem Einzelnen ermöglichen, seine Emotionen, Gedanken und Verhaltensweisen besser zu steuern. Erdungstechniken helfen Ihnen, sich im gegenwärtigen Moment zu verankern und vermitteln ein Gefühl von Stabilität und Sicherheit. Zentrierungstechniken hingegen konzentrieren sich auf die Kultivierung innerer Ruhe und Klarheit, die es Ihnen ermöglicht, nachdenklich zu reagieren, anstatt impulsiv zu reagieren. Indem Sie diese Praktiken in Ihren Alltag integrieren, können Sie einen leistungsstarken Rahmen für eine optimale Selbstregulierung schaffen.

Um Ihren Tag effektiv zu beginnen, sollten Sie mit einer Erdungsübung beginnen. Das kann so einfach sein, dass du dir ein paar Augenblicke Zeit nimmst, um dich auf deinen Atem zu konzentrieren. Nimm dir eine bequeme Position, schließe die Augen und atme tief ein – atme langsam durch die Nase ein, halte einen Moment inne und atme sanft durch den Mund aus. Achten Sie beim Atmen auf die Empfindungen in Ihrem Körper und die Geräusche um Sie herum. Diese Praxis hilft nicht nur, deine Gedanken zu zentrieren, sondern bringt auch das Bewusstsein für deine physische Präsenz im Hier und Jetzt. Du könntest auch versuchen, dich zu erden, indem du die Textur eines Objekts in deiner Hand spürst oder dir Wurzeln vorstellst, die sich von deinen Füßen in die Erde erstrecken und dich mit einem stabilen Fundament verbinden.

Denken Sie im Laufe Ihres Tages daran, dass Selbstregulierung ein fortlaufender Prozess ist. Im Laufe des Tages können Sie auf Stressfaktoren stoßen, die Ihr emotionales Gleichgewicht herausfordern. Wenn diese Momente entstehen, mach eine kurze Pause, um dich wieder mit einer Erdungstechnik zu beschäftigen. Das kann bedeuten, dass du nach draußen gehst, um frische Luft zu schnappen, oder achtsames Gehen praktizierst – du konzentrierst dich auf jeden Schritt und darauf, wie er sich auf dem Boden unter dir anfühlt. Führen Sie am Ende des Tages eine Zentrierungsübung durch, um Ihre Erfahrungen und Emotionen zu reflektieren. Suchen Sie sich einen ruhigen Ort, an dem Sie bequem und ohne Ablenkungen sitzen können. Schließen Sie die Augen und stellen Sie sich einen ruhigen Ort vor, der Ihnen Ruhe bringt – das kann ein Strand, ein Wald oder ein anderer Ort sein, der sich sicher und beruhigend anfühlt. Erlauben Sie sich, in diese Visualisierung einzutauchen, während Sie sich auf Ihren Atem konzentrieren. Stellen Sie sich vor, Sie zeichnen mit jedem Einatmen in Ruhe; Lassen Sie mit jedem Ausatmen alle Anspannungen oder Stress los, die sich im Laufe des Tages angesammelt haben.

Beständigkeit ist der Schlüssel, wenn du diese Praktiken in dein Leben integrierst. Wie jede Fähigkeit braucht auch die Entwicklung einer effektiven Selbstregulierung Zeit und Geduld. Es ist wichtig, jeden Tag für sich selbst da zu sein, auch wenn es sich herausfordernd anfühlt oder wenn keine unmittelbaren Ergebnisse sichtbar sind. Ähnlich wie bei der Pflege einer Pflanze – bei der das Wachstum nicht immer sofort sichtbar ist – musst Du darauf vertrauen, dass sich mit konsequenter Anstrengung und Sorgfalt im Laufe der Zeit positive Veränderungen manifestieren werden.

Ermutige dich selbst, mit verschiedenen Erdungs- und Zentrierungstechniken zu experimentieren, um herauszufinden, was bei dir persönlich am meisten Anklang findet. Einige finden Trost in Meditation oder Tagebuchschreiben, während andere körperliche Aktivitäten wie Yoga oder Tai Chi bevorzugen. Das Ziel ist es, die Selbstregulierung zu einem integralen Bestandteil Ihrer Selbstfürsorgeroutine zu machen – etwas, das sowohl Ihren Geist als auch Ihren Körper nährt.

Wenn du dich auf diese Reise der Selbstregulierung durch Erdungs- und Zentrierungspraktiken begibst, denke daran, dass Rückschläge Teil des Prozesses sind. Betrachten Sie sie als Wachstumschancen und nicht als Grund, Ihre Bemühungen aufzugeben. Jeder Tag bietet eine neue Chance, diese Fähigkeiten zu verfeinern und dein Verständnis für dich selbst zu vertiefen. Mit Geduld und Hingabe werden Sie feststellen, dass diese Techniken nicht nur Ihre Fähigkeit zur Stressbewältigung verbessern, sondern auch Ihr allgemeines Wohlbefinden bereichern.

# Unterstützung suchen

Der Weg der Traumatabewältigung ist oft mit Herausforderungen verbunden, aber eine der wichtigsten Komponenten, die diesen Weg erheblich erleichtern können, ist ein starkes Unterstützungssystem. Unterstützende Beziehungen können zu einer erhöhten Resilienz, einem geringeren Gefühl der Isolation und einer allgemeinen Verbesserung des emotionalen Wohlbefindens führen. Wenn Menschen ein Traumata erleben, können sie das Gefühl haben, dass sie ihren Schmerz alleine bewältigen müssen, was Gefühle der Verzweiflung und Hoffnungslosigkeit verschlimmern kann. Die Anwesenheit von verständnisvollen Freunden, Familienmitgliedern oder Community-Gruppen kann jedoch einen wichtigen Puffer gegen diese negativen Emotionen bieten. Unterstützende Beziehungen fördern ein Gefühl der Zugehörigkeit und Verbundenheit und ermöglichen es dem Einzelnen, seine Erfahrungen und Gefühle ohne Angst vor Verurteilung zu teilen. Diese gemeinsame Erfahrung bestätigt nicht nur ihre Kämpfe, sondern bestärkt sie auch in der Idee, dass sie auf ihrem Weg nicht allein sind.

Der Aufbau eines Unterstützungssystems ist für jeden, der sich von einem Traumata erholt, unerlässlich. Ein effektiver Weg, um damit zu beginnen, besteht darin, sich an Freunde und Familie zu wenden. Diese Verbindungen können als sicherer Hafen dienen, in dem sich der Einzelne gesehen und gehört fühlt. Offene Gespräche über Gefühle und Erfahrungen können helfen, die Mauern der Isolation abzubauen, die durch Traumatata oft errichtet werden. Darüber hinaus kann der

Beitritt zu Selbsthilfegruppen unglaublich vorteilhaft sein. Diese Gruppen bieten Einzelpersonen einen Raum, um sich mit anderen zu vernetzen, die vor ähnlichen Herausforderungen standen, und schaffen ein Umfeld voller Empathie und Verständnis. Das Teilen von Geschichten in diesen Umgebungen kann kathartisch und ermächtigend sein, da die Teilnehmer erkennen, dass ihre Gefühle nicht nur gültig sind, sondern auch von anderen geteilt werden.

Im heutigen digitalen Zeitalter kann auch die Verbindung zu Online-Communities eine wichtige Rolle bei der Erholung spielen. Viele Plattformen bieten Foren an, in denen Einzelpersonen ihre Erfahrungen anonym diskutieren können, was ein Maß an Komfort bietet, das in persönlichen Umgebungen möglicherweise schwer zu erreichen ist. Diese Online-Räume pflegen oft unterstützende Netzwerke, die über geografische Grenzen hinausgehen und es Einzelpersonen ermöglichen, Trost und Ermutigung von Menschen auf der ganzen Welt zu finden.

Gegenseitige Unterstützung ist ein Eckpfeiler der Heilung von Traumatata. Der Akt des Teilens von Erfahrungen schafft Bindungen, die zu einem tieferen Verständnis und Mitgefühl zwischen den Menschen führen können. Wenn jemand seine Schmerzgeschichte teilt, öffnet das die Tür für andere, das Gleiche zu tun, und fördert eine Atmosphäre, in der Heilung zu einem kollektiven Unterfangen und nicht zu einem einsamen Kampf wird. Diese Verbundenheit trägt nicht nur dazu bei, das Stigma rund um Traumatata zu verringern, sondern ermutigt auch den Einzelnen, sich in schwierigen Zeiten aufeinander zu stützen.

Darüber hinaus kann die Macht gemeinsamer Erfahrungen nicht hoch genug eingeschätzt werden.

Wenn Menschen zusammenkommen, um über ihre Traumatata zu sprechen, entdecken sie oft Gemeinsamkeiten in ihren Geschichten, die Resilienz und Stärke hervorheben. Diese Erkenntnis kann zutiefst erhebend sein und Hoffnung und Motivation für die Genesung wecken. Es verstärkt die Vorstellung, dass ein Traumata zwar unser Leben prägen kann, es aber nicht definiert; Vielmehr kommt es darauf an, wie wir reagieren und uns mit anderen verbinden.

## Unterstützende Beziehungen und Gemeinschaften finden

Unterstützende Beziehungen und Gemeinschaften zu finden, ist für das emotionale Wohlbefinden und das persönliche Wachstum unerlässlich. Eine der effektivsten Möglichkeiten, diese Reise zu beginnen, besteht darin, lokale Selbsthilfegruppen oder Online-Foren zu suchen, die mit Ihren Interessen und Herausforderungen übereinstimmen. Diese Räume vermitteln ein Gefühl der Zugehörigkeit und des Verständnisses, in denen Sie Erfahrungen austauschen und von anderen lernen können, die sich in ähnlichen Situationen befinden. Egal, ob es sich um eine Gruppe handelt, die sich auf psychische Gesundheit, Elternschaft oder Hobbys konzentriert, Teil einer Gemeinschaft zu sein, kann Ihr Unterstützungsnetzwerk erheblich verbessern.

Die Teilnahme an Therapie- oder Beratungssitzungen ist ein weiterer wirksamer Weg, um Verbindungen aufzubauen. Ein Therapeut kann Ihnen nicht nur dabei helfen, persönliche Herausforderungen zu meistern, sondern Sie auch dabei unterstützen, gesündere Beziehungen aufzubauen. Sie können dabei helfen,

Muster zu erkennen, die Ihre Fähigkeit, mit anderen in Kontakt zu treten, beeinträchtigen könnten, und Strategien zur Förderung sinnvollerer Interaktionen bereitstellen. Die Teilnahme an diesen Sitzungen führt oft zu einer größeren Selbstwahrnehmung, was entscheidend ist, wenn es darum geht, unterstützende Beziehungen aufzubauen.

Das Setzen von Grenzen ist ein wesentlicher Bestandteil des Aufbaus gesunder Verbindungen. Grenzen helfen dabei, zu definieren, was in Ihren Interaktionen mit anderen akzeptabel ist, und schützen Ihren emotionalen Raum. Es sind keine Mauern, die Sie isolieren, sondern Zäune, die es Ihnen ermöglichen, sich voll und ganz zu engagieren, ohne Ihr Wohlbefinden zu beeinträchtigen. Die effektive Kommunikation Ihrer Bedürfnisse ist der Schlüssel zu diesem Prozess. Die Verwendung von "Ich"-Aussagen kann helfen, deine Gefühle auszudrücken, ohne anderen die Schuld zu geben, und es ihnen leichter machen, deine Perspektive zu verstehen. Zum Beispiel, wenn du sagst: "Ich fühle mich überwältigt, wenn..." kann einen Dialog darüber eröffnen, wie man die Beziehungsdynamik so anpassen kann, dass es sich für einen angenehm anfühlt.

Zusätzlich zu den lokalen Ressourcen gibt es zahlreiche Online-Plattformen, die darauf ausgelegt sind, Unterstützungssuchende miteinander zu verbinden. Websites wie Meetup oder Eventbrite listen oft lokale Treffen, Workshops und Selbsthilfegruppen auf, die auf verschiedene Interessen und Bedürfnisse zugeschnitten sind. Apps wie BetterHelp oder Talkspace bieten Zugang zu lizenzierten Therapeuten bequem von zu Hause aus und machen es einfacher denn je, Ihrer psychischen Gesundheit Priorität einzuräumen. In Gemeindezentren finden häufig Veranstaltungen und Programme statt, die darauf abzielen, die Verbindungen zwischen den Bewohnern zu fördern, also sollten Sie auch diese Optionen erkunden.

Der erste Schritt zum Aufbau eines Unterstützungsnetzwerks kann entmutigend sein, vor allem, wenn Sie sich nicht sicher sind, wo Sie anfangen sollen. Es ist jedoch wichtig, sich daran zu erinnern, dass jede kleine Anstrengung zählt. Egal, ob du dich mit einem Freund auf einen Kaffee begibst oder einer Online-Diskussionsgruppe beitrittst, jede Aktion bringt dich dem Weg näher, das unterstützende Umfeld zu schaffen, das du verdienst. Nehmen Sie das Unbehagen an, das entstehen kann, wenn Sie Ihre Komfortzone verlassen. Es ist oft ein Zeichen von Wachstum und eine Chance für neue Verbindungen.

## Professionelle Hilfe bei komplexen Traumatata: Therapeuten, Selbsthilfegruppen und andere Ressourcen

Die Suche nach professioneller Hilfe bei komplexen Traumatata ist ein wesentlicher Schritt zur Heilung und Genesung. Komplexe Traumatata, die oft aus einer längeren Exposition gegenüber belastenden Ereignissen wie Kindesmissbrauch oder häuslicher Gewalt resultieren, können das emotionale und psychische Wohlbefinden einer Person stark beeinträchtigen. Die Reise durch ein Traumata kann sich überwältigend anfühlen, und wenn man diesen Weg alleine geht, kann das zu Gefühlen der Isolation und Verzweiflung führen. Hier spielen Therapeuten, Berater und andere Fachkräfte für psychische Gesundheit eine entscheidende Rolle bei der Bereitstellung spezialisierter Unterstützung.

Therapeuten und Berater schaffen ein sicheres und unterstützendes Umfeld, in dem Einzelpersonen ihre Gefühle, Gedanken und Reaktionen im Zusammenhang mit ihren Traumatatischen Erfahrungen erforschen können. Sie bieten einfühlsames Zuhören und urteilsfreie Beratung und helfen den Klienten, ihre Emotionen und Erfahrungen zu verstehen. Diese therapeutische Beziehung ist von entscheidender Bedeutung; Es fördert Vertrauen und ermutigt den Einzelnen, sich seinem Traumata in einem sicheren Raum zu stellen. Fachkräfte für psychische Gesundheit wenden verschiedene therapeutische Ansätze an, die auf die individuellen Bedürfnisse jedes Einzelnen zugeschnitten sind, da sie erkennen, dass es keine Einheitslösung für die Traumatabewältigung gibt.

Zu den wirksamen Therapien zur Behandlung komplexer Traumatata gehören die kognitive Verhaltenstherapie (KVT), die Desensibilisierung und Wiederaufbereitung von Augenbewegungen (EMDR) und das somatische Erleben. KVT konzentriert sich auf das Erkennen und Ändern negativer Denkmuster, die zu emotionalem Stress beitragen. Es befähigt den Einzelnen, Bewältigungsstrategien zu entwickeln, die es ihm ermöglichen, seine Symptome effektiv zu bewältigen. EMDR hingegen hilft Menschen, Traumatatische Erinnerungen zu verarbeiten, indem sie geführte Augenbewegungen verwenden, während sie sich an belastende Ereignisse erinnern. Diese Technik zielt darauf ab, die emotionale Ladung, die mit diesen Erinnerungen verbunden ist, im Laufe der Zeit zu reduzieren und so die Heilung zu erleichtern. Somatisches Erleben verfolgt einen anderen Ansatz, indem es sich auf die

Empfindungen und Reaktionen des Körpers auf Traumatata konzentriert. Es betont die Bedeutung des körperlichen Bewusstseins bei der Verarbeitung Traumatatischer Erfahrungen und hilft dem Einzelnen, sich wieder mit seinem körperlichen Selbst zu verbinden.

Selbsthilfegruppen spielen auch eine wichtige Rolle im Genesungsprozess von Menschen, die mit komplexen Traumatata zu tun haben. Diese Gruppen bieten Einzelpersonen eine Plattform, um ihre Erfahrungen auszutauschen und sich mit anderen zu vernetzen, die vor ähnlichen Herausforderungen standen. Dieses gemeinsame Verständnis fördert das Gemeinschaftsgefühl und reduziert das Gefühl der Isolation, so dass die Teilnehmer von den Bewältigungsstrategien der anderen lernen können. Selbsthilfegruppen können besonders nützlich sein, weil sie ein Umfeld schaffen, in dem Verletzlichkeit mit Empathie und Ermutigung begegnet wird.

Neben Therapie- und Selbsthilfegruppen stehen verschiedene Ressourcen für Menschen in Krisen oder auf der Suche nach sofortiger Hilfe zur Verfügung. Hotlines und Krisendienste bieten vertrauliche Unterstützung durch geschulte Fachkräfte, die in akuten Notsituationen Orientierung bieten können. Diese Ressourcen sind entscheidend für Personen, die sich überfordert oder unsicher fühlen, den ersten Schritt zur Hilfesuche zu machen.

Ermutigend ist, professionelle Hilfe in Anspruch zu nehmen, kein Zeichen von Schwäche, sondern vielmehr ein mutiger Schritt, um das eigene Leben nach einem Traumata zurückzugewinnen. Es bedeutet ein Engagement für Heilung und Selbstfindung und ermöglicht es dem Einzelnen, seine Erfahrungen auf konstruktive Weise zu verarbeiten. Professionelle

Unterstützung stattet den Einzelnen mit den notwendigen Werkzeugen aus, um seine Symptome zu bewältigen, sein Leben wieder aufzubauen und die Widerstandsfähigkeit gegenüber zukünftigen Herausforderungen zu stärken. Wenn Sie oder jemand, den Sie kennen, mit einem Traumata zu kämpfen hat, sollten Sie in Erwägung ziehen, Hilfe von qualifizierten Fachleuten für psychische Gesundheit zu suchen. Es könnte der entscheidende Moment auf dem Weg zur Genesung und Ermächtigung sein.

HOFFNUNG ANDRUS

# Kapitel 4

# Bodyscan-Techniken: Sich auf Ihren Körper einstellen

*"Der Körper ist ein weiser und treuer Führer." - Alice Walker*

Ein Ganzkörperscan ist eine kraftvolle Grundpraxis in Achtsamkeit und Entspannung, die als Brücke zwischen Geist und Körper dient. Diese Technik ermutigt den Einzelnen, das Bewusstsein für seine körperlichen Empfindungen zu kultivieren, und hilft, Spannungsbereiche zu identifizieren, die in unserem schnelllebigen Leben oft unbemerkt bleiben. Indem wir uns auf diese Praxis einlassen, können wir eine tiefere Verbindung zu unserem Körper entwickeln, die es uns ermöglicht, Unbehagen oder Stress zu erkennen und anzugehen, bevor er eskaliert.

Wenn wir uns auf diese Reise der Selbstfindung begeben, ist es wichtig, dass wir uns dem Bodyscan mit offenem Herzen und der Bereitschaft zur Erkundung nähern. Der Prozess beginnt damit, eine bequeme Position zu finden, entweder im Liegen oder im Sitzen, um sicherzustellen, dass Ihr Körper gestützt und

145

entspannt ist. Schließen Sie sanft die Augen und nehmen Sie sich einen Moment Zeit, um sich auf Ihren Atem zu konzentrieren. Atmen Sie tief durch die Nase ein, lassen Sie Ihren Bauch sich heben, und atmen Sie dann langsam durch den Mund aus, um zu sehen, wie jede Anspannung mit jedem Atemzug verschwindet. Diese rhythmische Atmung dient Ihnen während des gesamten Scans als Anker. Beginnen Sie an Ihren Zehen und richten Sie Ihre Aufmerksamkeit auf diesen oft übersehenen Bereich. Achte auf alle vorhandenen Empfindungen – vielleicht ein Kribbeln oder ein Spannungsgefühl in den Muskeln. Erlauben Sie sich, in diesen Bereich einzuatmen, und stellen Sie sich vor, dass jedes Einatmen Wärme und Entspannung bringt, während jedes Ausatmen jegliche Spannung löst. Nachdem Sie einen Moment hier verbracht haben, verlagern Sie Ihren Fokus sanft auf die Fußsohlen, dann auf Ihre Fersen und Knöchel. Setze diesen allmählichen Aufstieg in deinen Beinen fort und achte dabei besonders auf die Waden, Knie und Oberschenkel. Nehmen Sie sich bei jedem Körperteil, das Sie scannen, Zeit, um Unbehagen oder Verspannungen ohne Urteil anzuerkennen.

Während du dich zu deinen Hüften und deinem Becken bewegst, beobachte, wie sich diese Bereiche im Verhältnis zum Rest deines Körpers anfühlen. Sind sie entspannt oder angespannt? Atmen Sie tief in diese Regionen ein und stellen Sie sich vor, wie sich die Spannung mit jedem Ausatmen auflöst. Wenn du zum Bauch übergehst, achte auf das Heben und Senken deines Bauches, während du atmest. Gibt es Enge oder Leichtigkeit? Erlauben Sie sich, einfach mit diesen Empfindungen präsent zu sein.

Bringen Sie als Nächstes Bewusstsein auf Ihre Brust. Spüren Sie die Ausdehnung beim Einatmen und die sanfte

Kontraktion beim Ausatmen. Erkennen Sie an, wie sich dieser Bereich emotional anfühlt – gibt es Gefühle von Angst oder Ruhe? Setze diesen Vorgang mit deinen Schultern, Armen und Händen fort. Achten Sie auf jeden Finger einzeln, wenn Sie möchten; Achte auf Empfindungen wie Wärme oder Kühle.

Wenn du deinen Hals und Hals erreichst, achte darauf, ob sich im Laufe des Tages Verspannungen angesammelt haben. Atme tief in diesen Bereich ein und stelle dir vor, wie er mit jedem Ausatmen weicher wird. Richte schließlich deinen Fokus auf deinen Kopf – den Scheitel nach unten durch Stirn, Augen, Wangen, Kiefer und Hinterkopf. Erlauben Sie sich, sich in diesem Moment voll und ganz präsent zu fühlen.

Denken Sie während des gesamten Prozesses daran, dass der Atem eine entscheidende Rolle beim Lösen von Spannungen spielt. Jedes tiefe Einatmen bringt frische Energie, während jedes langsame Ausatmen hilft, das loszulassen, was Ihnen nicht mehr dient. Wenn die Gedanken beginnen, vom Scan abzudriften, leiten Sie sie sanft und ohne Frustration zurück. Bei dieser Praxis geht es darum, Gewahrsein zu kultivieren, anstatt Perfektion zu erreichen.

Während Sie den Scan von den Zehen bis zum Scheitel abschließen, nehmen Sie sich ein paar Augenblicke Zeit, um sich Ihres gesamten Körpers bewusst zu sein – spüren Sie, wie er verbunden ist und wie die Empfindungen überall fließen. Diese Praxis fördert nicht nur die Entspannung, sondern verbessert auch die Selbstwahrnehmung und fördert das emotionale Wohlbefinden, indem sie Raum für Akzeptanz und Verständnis für unser körperliches Selbst schafft.

verschiedene Körperteile und bemerken Sie
Bereiche, in denen Sie sich unwohl fühlen oder
verspannt sind

Das Erkennen und Achten auf subtile Empfindungen
in unserem Körper kann eine transformative Praxis sein,
insbesondere wenn es darum geht, Bereiche des
Unbehagens oder der Verspannung zu verstehen. Unser
Körper hält oft Spannungen in bestimmten Bereichen als
Reaktion auf Stress, vergangene Traumatata oder die sich
wiederholenden Bewegungen täglicher Aktivitäten. Diese
Spannung kann sich auf verschiedene Weise
manifestieren, und indem wir uns auf diese
Empfindungen einstimmen, können wir beginnen, die
zugrunde liegenden Ursachen zu enträtseln und die
Heilung zu erleichtern.

Viele Menschen leiden unter Verspannungen in
öffentlichen Bereichen wie Schultern, Nacken und
unterem Rücken. Die Schultern sind besonders berüchtigt
dafür, Stress zu halten; Sie tragen oft die Last unserer
Verantwortung und emotionalen Lasten. Wenn wir uns
überfordert oder ängstlich fühlen, ist es nicht
ungewöhnlich, dass wir unbewusst unsere Schultern
anspannen, was zu Unbehagen und Schmerzen führt.
Dieses Phänomen wird treffend in dem Sprichwort über
"das Gewicht der Welt auf den Schultern tragen"
beschrieben. Indem wir diese Spannung anerkennen,
können wir anfangen zu erforschen, welche Emotionen
oder Zwänge wir verinnerlichen könnten.

Der Hals ist ein weiterer Bereich, in dem sich häufig
Verspannungen ansammeln. Sie ist eng mit unserer
Fähigkeit verbunden, uns auszudrücken und effektiv zu
kommunizieren. Wenn wir Angst oder Unruhe verspüren,

insbesondere in Bezug auf Selbstausdruck oder Verletzlichkeit, können sich unsere Nackenmuskeln als Schutzmechanismus zusammenziehen. Dies kann nicht nur zu körperlichem Unbehagen führen, sondern auch zu einem Gefühl der Erstickung oder Unfähigkeit, unsere Gedanken und Gefühle zu artikulieren. Die Auseinandersetzung mit diesem Bereich durch sanfte Erkundung kann Einblicke in unseren emotionalen Zustand geben und uns helfen, aufgestaute Gefühle loszulassen.

Verspannungen im unteren Rücken werden oft mit Schuld-, Scham- oder Unwertgefühlen in Verbindung gebracht. Dieser Bereich kann zu einem Aufbewahrungsort für ungelöste Emotionen und vergangene Traumatata werden, so dass es wichtig ist, sich ihm mit Neugier und nicht mit Urteilen zu nähern. Wenn wir uns die Zeit nehmen, Empfindungen in unserem unteren Rücken wahrzunehmen – sei es als Anspannung, Wärme oder Kühle – öffnen wir uns für das Verständnis der tieferen emotionalen Erzählungen, die im Spiel sind.

Während du diese Spannungsfelder sanft erkundest, solltest du dich ihnen mit einem Gefühl der Neugier nähern. Erlauben Sie sich, Empfindungen wahrzunehmen, ohne sie als gut oder schlecht abzustempeln. Vielleicht spüren Sie Wärme, die von Ihren Muskeln ausgeht, oder vielleicht ein Kribbeln, das signalisiert, dass ein Bereich Aufmerksamkeit benötigt. Es ist wichtig, einen Raum zu schaffen, in dem man diese Gefühle ohne Selbstkritik beobachten kann; Dieses nicht wertende Bewusstsein ist entscheidend für die Förderung von Heilung und Entspannung.

Die Einbeziehung von Praktiken wie tiefem Atmen oder achtsamem Dehnen kann Ihre Verbindung zu Ihrem Körper weiter verbessern. Diese Techniken fördern nicht nur die Entspannung, sondern auch die Durchblutung und Beweglichkeit in verspannten Bereichen. Während du tief atmest, visualisiere, wie der Atem in Bereiche der Enge fließt, so dass sie weicher werden und sich lösen können. Diese bewusste Auseinandersetzung mit deinem Körper kann eine tiefgreifende Veränderung in der Art und Weise bewirken, wie du Unbehagen und Anspannung erlebst.

## Mit Atem und Visualisierung Entspannung und Heilung fördern

Die Beschäftigung mit Atemarbeit und Visualisierung kann Ihr Körperscan-Erlebnis tiefgreifend verbessern und Entspannung und Heilung fördern. Eine der effektivsten Techniken ist **die Zwerchfellatmung**, auch bekannt als Tiefen- oder Bauchatmung. Bei dieser Methode wird das Zwerchfell, ein kuppelförmiger Muskel an der Basis der Lunge, verwendet, um eine tiefere und effizientere Atmung zu ermöglichen. Wenn Sie tief atmen, dehnt sich Ihr Bauch beim Einatmen aus, was einen umfassenderen Austausch von Sauerstoff und Kohlendioxid ermöglicht. Dies hilft nicht nur, die Herzfrequenz und den Blutdruck zu senken, sondern aktiviert auch die Entspannungsreaktion des Körpers und wirkt Stress und Ängsten entgegen. Wenn Sie diese Technik üben, bemerken Sie vielleicht eine sanfte Wärme, die sich in Ihrem Körper ausbreitet, ein Zeichen dafür, dass sich Ihre Muskeln entspannen und Ihr Geist beruhigt ist.

Um die Zwerchfellatmung effektiv zu üben, suchen Sie sich eine bequeme Position – entweder im Sitzen oder im Liegen. Lege eine Hand auf deine Brust und die andere auf deinen Bauch. Atmen Sie etwa vier Sekunden lang langsam durch die Nase ein und spüren Sie, wie sich Ihr Bauch hebt, während Sie Ihre Brust relativ ruhig halten. Halten Sie diesen Atem für einen Moment an, bevor Sie ihn etwa sechs Sekunden lang langsam durch die gespitzten Lippen ausatmen. Dieses rhythmische Muster fördert nicht nur die Entspannung, sondern dient auch als Ablenkung von rasenden Gedanken, sodass Sie sich ausschließlich auf die Empfindungen des Atems konzentrieren können. Mit regelmäßiger Übung kann die Zwerchfellatmung zu einem mühelosen Werkzeug in Ihrem Selbstfürsorge-Toolkit werden.

In Verbindung mit Atemarbeit können Visualisierungsübungen Ihr Entspannungserlebnis weiter verbessern. Stellen Sie sich ein warmes, heilendes Licht vor, das Ihren Körper umhüllt, während Sie tief einatmen. Visualisiere, wie dieses Licht mit jeder Einatmung durch dich fließt und alle Bereiche der Anspannung oder des Unbehagens erhellt. Stellen Sie sich beim Ausatmen vor, wie dieses warme Licht die Anspannung auflöst und ein Gefühl von Frieden und Ruhe hinterlässt. Diese Bilder können eine kraftvolle Verbindung zwischen Ihrem Geist und Körper herstellen und die beruhigende Wirkung Ihres Atems verstärken.

Eine weitere effektive Visualisierungstechnik besteht darin, sich jeden Atemzug als eine sanfte Welle der Entspannung vorzustellen, die Sie überflutet. Stellen Sie sich vor, dass diese Welle bei jedem Einatmen an Ihren Fußsohlen beginnt, allmählich durch Ihre Beine und Ihren Oberkörper ansteigt, Ihre Arme und Schultern umhüllt und schließlich Ihren Scheitel erreicht. Wenn diese Welle durch dich fließt, trägt sie jeglichen Stress oder Unbehagen weg und lässt dich leichter und entspannter fühlen. Indem Sie diese Atemtechniken mit

Visualisierungsübungen kombinieren, kultivieren Sie eine Umgebung, die der tiefen Entspannung und Heilung förderlich ist.

# Gezielte Scans

Das Konzept der gezielten Scans, insbesondere im Zusammenhang mit Achtsamkeit und Körperbewusstsein, dient als mächtiges Werkzeug, um bestimmte Bereiche des Körpers anzusprechen, die möglicherweise Anspannungen oder ungelöste Emotionen haben. Diese Praxis beinhaltet eine Technik der fokussierten Aufmerksamkeit, bei der Individuen ihren Körper mental scannen, oft von Kopf bis Fuß, um Bereiche von Unbehagen, Schmerzen oder emotionaler Schwere zu identifizieren. Indem man das Bewusstsein auf diese Regionen wie Brust, Magen oder Kiefer lenkt, kann man anfangen zu verstehen, wie sich Traumata und Stress physisch manifestieren. Diese Verbindung zwischen emotionalen Erfahrungen und körperlichen Empfindungen ist entscheidend; Es zeigt, wie ungelöste Emotionen im Körper gespeichert werden können, was zu chronischer Anspannung und Unbehagen führt.

Traumatata können auf verschiedene Weise im Körper gespeichert werden. Wenn Menschen belastende Ereignisse erleben, reagiert ihr Körper oft, indem sie Muskeln anspannen oder physische Barrieren als Schutzmechanismus schaffen. Im Laufe der Zeit können diese Reaktionen zu anhaltenden Spannungen in bestimmten Bereichen führen. Zum Beispiel kann sich die Brust aufgrund von Angst oder Trauer angespannt anfühlen, während der Magen Gefühle von Angst oder Unsicherheit haben kann. Der Kiefer kann auch ein häufiger Verspannungsbereich sein, der oft mit Stress oder Frustration verbunden ist. Das Erkennen dieser Muster ist essentiell für die Heilung; Gezielte Scans ermöglichen es dem Einzelnen, diese Empfindungen sanft zu erkunden, ohne ihn zu verurteilen.

Die Durchführung gezielter Scans fördert einen mitfühlenden Ansatz zur Selbsterkundung. Wenn Sie mit dieser Praxis beginnen, ist es wichtig, sich jedem Bereich mit Sanftheit und Neugier zu nähern, anstatt mit Zwang oder Erwartung. Beginnen Sie damit, eine bequeme Position zu finden – egal ob im Sitzen oder Liegen – und atmen Sie ein paar Mal tief durch, um sich zu zentrieren. Richten Sie Ihre Aufmerksamkeit nach und nach auf einen Bereich. Wenn Sie sich zum Beispiel auf Ihre Brust konzentrieren, achten Sie auf eventuelle Empfindungen: Gibt es ein Engegefühl? Ein Gefühl von Schwere? Erlauben Sie sich, in diesen Raum einzuatmen und visualisieren Sie den Atem als eine sanfte Welle, die Spannungen lindert und löst.

Während Sie sich während des Scans durch Ihren Körper bewegen, achten Sie besonders auf alle Emotionen, die aufkommen. Es ist nicht ungewöhnlich, dass Gefühle wie Traurigkeit oder Wut an die Oberfläche kommen, wenn man sich auf Bereiche konzentriert, die ein Traumata enthalten haben. Erkenne diese Emotionen an, ohne zu versuchen, sie zu verändern; Beobachte einfach ihre Anwesenheit und erlaube ihnen, mit deinen körperlichen Empfindungen zu koexistieren. Dieser Prozess fördert ein tieferes Verständnis der Reaktionen Ihres Körpers und hilft, einen sicheren Raum für die Heilung zu schaffen.

Diese Spannungsfelder zu identifizieren, ist eine fortlaufende Reise. Möglicherweise stellen Sie fest, dass bestimmte Stellen im Laufe der Zeit immer wieder Ihre Aufmerksamkeit auf sich ziehen. Das Führen eines Tagebuchs kann von Vorteil sein; Notieren Sie Ihre Beobachtungen nach jeder Scan-Sitzung. Diese Praxis verbessert nicht nur die Selbstwahrnehmung, sondern schafft auch die Möglichkeit, darüber nachzudenken, wie Ihr emotionaler Zustand körperliche Empfindungen beeinflussen kann.

Letztendlich geht es bei gezielten Scans nicht nur darum, körperliche Beschwerden zu lindern, sondern auch darum, eine mitfühlende Beziehung zu Ihrem Körper zu pflegen. Indem du dich diesen Praktiken mit Freundlichkeit und Geduld näherst, befähigst du dich, gespeicherte Energien freizusetzen und ein tieferes Gefühl des Wohlbefindens zu fördern. Betrachten Sie diese Reise als eine Reise der Selbstfindung und Heilung, wobei jeder Scan Sie zu einem größeren Bewusstsein und einer größeren Akzeptanz sowohl Ihres körperlichen als auch Ihres emotionalen Selbst führt.

## Mit gezielten Scans gespeicherte Emotionen und Empfindungen freisetzen

Das Verständnis der komplizierten Beziehung zwischen körperlicher Anspannung und emotionalen Zuständen offenbart eine tiefe Wahrheit: Unsere Emotionen sind nicht nur abstrakte Gefühle; Sie manifestieren sich als greifbare Empfindungen in unserem Körper. Dieser Zusammenhang bleibt oft unbemerkt, spielt aber eine entscheidende Rolle für unser allgemeines Wohlbefinden. Emotionen wie Stress, Angst oder Traurigkeit können körperliche Symptome hervorrufen – Engegefühl in der Brust, Knoten im Bauch oder Verspannungen in den Schultern. Diese Empfindungen sind Signale unseres Körpers, die darauf hinweisen, dass etwas Aufmerksamkeit benötigt. Wenn wir diese Signale ignorieren, riskieren wir, ungelöste Emotionen zu speichern, was zu chronischem körperlichem Unbehagen und emotionalem Stress führen kann.

Das Loslassen dieser gespeicherten Emotionen ist für die emotionale Heilung unerlässlich. Techniken wie tiefes Atmen, progressive Muskelentspannung und geführte Visualisierung dienen als effektive Werkzeuge für diesen Prozess. Tiefes Atmen fördert einen Zustand der Ruhe und hilft, aufgestaute Energie abzubauen. Indem Sie tief durch die Nase einatmen und langsam durch den Mund ausatmen, können Sie ein Gefühl der Entspannung erzeugen, das Ihr ganzes Wesen durchdringt. Dieser einfache Akt ermöglicht es Ihnen, sich auf den gegenwärtigen Moment zu konzentrieren, während Sie Ihren Körper sanft dazu bringen, Spannungen zu lösen.

Die progressive Muskelentspannung geht noch einen Schritt weiter, indem sie Sie dazu anleitet, jede Muskelgruppe in Ihrem Körper systematisch anzuspannen und dann zu entspannen. Diese Praxis hilft nicht nur, Spannungsbereiche zu erkennen, sondern fördert auch ein tieferes Bewusstsein dafür, wie Emotionen physisch ausgedrückt werden. Während du jede Muskelgruppe durchläufst – von deinen Zehen bis zu deinem Kopf – kannst du entdecken, wo du emotionales Gewicht hältst, was eine bewusste Freisetzung dieser gespeicherten Energie ermöglicht.

Geführte Visualisierung ist eine weitere wirkungsvolle Technik, die die emotionale Befreiung erleichtern kann. Indem du dir einen sicheren Raum oder ein beruhigendes Szenario vorstellst, schaffst du eine Umgebung, in der du deine Gefühle erforschen kannst. Visualisieren Sie während dieser Übung alle Emotionen, die in Form von Farben oder Formen entstehen; Dies kann helfen, das nach außen zu tragen, was sich überwältigend anfühlen könnte, wenn es intern bleibt. Wenn du dir diese Emotionen vorstellst, überlege, was sie von dir brauchen könnten – Anerkennung, Ausdruck oder sogar einen Abschied.

Achtsamkeit spielt auf dieser Reise der emotionalen Befreiung eine wesentliche Rolle. Indem du dein Selbstbewusstsein und die Akzeptanz deiner Gefühle ohne Urteil kultivierst, erlaubst du dir, Emotionen vollständig zu erleben, anstatt sie zu unterdrücken. Das Üben von Achtsamkeit ermutigt Sie, mit Unbehagen zu sitzen und die Empfindungen in Ihrem Körper zu erkennen, die mit verschiedenen Emotionen verbunden sind. Dieser Prozess des Erkennens ist von entscheidender Bedeutung; Es öffnet die Tür zum Verständnis, was diese Empfindungen zu kommunizieren versuchen.

Wenn du dich mit diesen Techniken beschäftigst, ist es wichtig, dass du dich allen Emotionen, die aufkommen, mit Selbstmitgefühl näherst. Emotionen können intensiv und komplex sein; Wenn du dir erlaubst, sie ohne Urteil zu fühlen, schafft das einen sicheren Raum für Heilung. Wenn während deiner Praxis Gefühle auftauchen, nimm dir einen Moment Zeit, um sie anzuerkennen. Fragen Sie sich, was diese Emotionen Ihnen sagen wollen und wie sie sich auf Ihre körperlichen Empfindungen beziehen. Dieser Dialog zwischen Geist und Körper fördert eine tiefere Verbindung und ein tieferes Verständnis für Ihre emotionale Landschaft.

Diese Emotionen zu erforschen und auszudrücken, kann befreiend sein. Ob durch das Schreiben eines Tagebuchs über Ihre Erfahrungen oder durch kreative Aktivitäten wie Kunst oder Bewegung, es ist entscheidend, Wege zu finden, um Ihre Gefühle zu artikulieren, um gespeicherte Emotionen zu verarbeiten. Denken Sie daran, dass diese Reise nicht linear verläuft; Es erfordert Geduld und Freundlichkeit dir selbst gegenüber, während du durch Schichten von Emotionen und Empfindungen navigierst.

Wenn du diese Techniken in deine tägliche Routine integrierst, kann dies zu tiefgreifenden Veränderungen in der Art und Weise führen, wie du sowohl deinen physischen Körper als auch deinen emotionalen Zustand erlebst. Der Weg zur Heilung ist einzigartig persönlich; Was bei einer Person Anklang findet, kann für eine andere unterschiedlich sein. Bleibe daher neugierig, welche Praktiken sich für dich richtig anfühlen und erlaube dir die Freiheit, verschiedene Methoden der Befreiung zu erkunden. Während du dich auf diese Reise der Selbstfindung und Heilung begibst, solltest du wissen, dass jeder Schritt, der unternommen wird, um gespeicherte Emotionen freizusetzen, dich einer integrierteren und harmonischeren Existenz näher bringt.

## Kombination von gezielten Scans mit anderen Entspannungstechniken

Die Integration gezielter Scans mit anderen Entspannungstechniken kann einen harmonischen und effektiven Ansatz zur Steigerung des allgemeinen Wohlbefindens schaffen. Bei gezielten Scans, die häufig in Achtsamkeitsübungen verwendet werden, wird die

Aufmerksamkeit auf bestimmte Bereiche des Körpers gelenkt, um Verspannungen zu lösen und die Entspannung zu fördern. In Kombination mit Techniken wie Yoga, Meditation oder Aromatherapie können die Vorteile verstärkt werden, was zu einem tieferen Gefühl der Ruhe und Achtsamkeit führt.

Es kann besonders vorteilhaft sein, Yoga neben gezielten Scans in Ihre Routine zu integrieren. Yoga kombiniert Körperhaltungen, Atemkontrolle und Meditation, wodurch die Körperwahrnehmung durch gezielte Scans vertieft werden kann. Während einer erholsamen Yogastunde könntest du zum Beispiel mit einem gezielten Scan deines Körpers beginnen, während du dich in einer sanften Pose befindest. Wenn du dich auf Spannungsbereiche konzentrierst, kannst du bewusst in diese Räume atmen und dem Atem erlauben, das Loslassen zu erleichtern. Diese Praxis verbessert nicht nur Ihre körperliche Flexibilität, sondern fördert auch eine tiefere Verbindung zwischen Geist und Körper.

Meditation ist ein weiterer mächtiger Verbündeter, wenn sie mit gezielten Scans kombiniert wird. Indem du dich an einer Bodyscan-Meditation beteiligst, bringst du systematisch Bewusstsein in verschiedene Teile deines Körpers und nimmst alle Empfindungen wahr, ohne zu urteilen. Um dieses Erlebnis zu verbessern, sollten Sie die Verwendung von ätherischen Ölen in Betracht ziehen, die für ihre beruhigenden Eigenschaften bekannt sind. Zum Beispiel kann das Vernebeln von ätherischem Lavendelöl während eines Körperscans eine Atmosphäre schaffen, die der Entspannung förderlich ist. Der beruhigende Duft von Lavendel kann helfen, den Geist zu beruhigen und Ihren meditativen Zustand zu vertiefen, so dass Sie vollständig in die Praxis eintauchen können.

Die Aromatherapie kann sowohl Yoga- als auch Meditationspraktiken weiter bereichern. Stell dir vor, du richtest deinen Yogaraum mit einem mit Eukalyptusöl gefüllten Diffusor ein, bevor du mit deiner Routine beginnst. Der belebende Duft erfrischt nicht nur die Luft, sondern hilft auch, den Kopf zu klären und den Körper mit Energie zu versorgen, während Sie sich durch Ihre Posen bewegen. In ähnlicher Weise kann das Auftragen einiger Tropfen Kamillenöl auf die Pulspunkte nach Abschluss eines gezielten Scans oder einer Meditationssitzung das Gefühl der Ruhe verstärken und einen erholsamen Schlaf fördern.

Die Förderung des Experimentierens ist unerlässlich, um die richtige Kombination von Techniken zu finden, die bei Ihnen persönlich Anklang finden. Vielleicht entdecken Sie, dass das Üben eines gezielten Scans, gefolgt von ein paar Minuten achtsamer Atmung beim Einatmen von ätherischen Ölen, ein einzigartig beruhigendes Erlebnis schafft. Alternativ kann die Integration von Visualisierungstechniken während Ihrer Scans – die Vorstellung, wie Spannungen wie Eis in der Sonne dahinschmelzen – Ihrer Entspannungsroutine auch eine zusätzliche Tiefe verleihen.

Letztlich ist der Weg zur Entspannung höchst individualistisch. Indem Sie verschiedene Kombinationen gezielter Scans mit Praktiken wie Yoga, Meditation und Aromatherapie erkunden, können Sie herausfinden, was für Sie am besten funktioniert. Gönnen Sie sich die Freiheit, mit verschiedenen Düften und Techniken zu experimentieren; Egal, ob es sich um die Verwendung von Pfefferminzöl für einen energetisierenden Yoga-Flow handelt oder um Sandelholz während der abendlichen Meditationen, jede Praxis hat das Potenzial, Ihr Entspannungserlebnis grundlegend zu verbessern.

# Bewegung und Empfindung

Die Einbeziehung von Bewegung in Bodyscan-Praktiken kann das Gesamterlebnis erheblich verbessern und eine tiefere Verbindung zwischen Geist und Körper bieten. Der Bodyscan selbst ist eine Achtsamkeitstechnik, die den Einzelnen dazu anregt, sich verschiedener Teile seines Körpers bewusst zu werden und Empfindungen ohne Urteil zu notieren. Wenn jedoch sanfte Bewegungen in diese Praxis integriert werden, können sie helfen, aufgebaute Spannungen zu lösen und die Durchblutung zu verbessern, wodurch ein ganzheitlicherer Ansatz der Achtsamkeit entsteht.

Bewegung spielt eine entscheidende Rolle bei der Linderung von körperlichem und emotionalem Stress. Bei sanften Dehnungen oder Yoga-Posen aktivieren wir unsere Muskeln und Gelenke, was zum Abbau von aufgestauten Verspannungen führen kann. Diese Freisetzung fördert nicht nur die Entspannung, sondern fördert auch eine bessere Durchblutung des Körpers. Eine verbesserte Durchblutung kann die Sauerstoffzufuhr zum Gewebe verbessern und bei der Beseitigung von Stoffwechselabfällen helfen, was zu einem allgemeinen Wohlbefinden beiträgt. Wenn Sie beispielsweise einen Körperscan durchlaufen, können Sie bei jedem Fokusbereich eine Pause einlegen, um eine sanfte Dehnung oder Bewegung einzubauen. Auf diese Weise ermöglichen Sie Ihrem Körper, seine Bedürfnisse auszudrücken und besser auf Empfindungen zu reagieren.

Beispiele für sanfte Bewegungen, die sich nahtlos in einen Körperscan integrieren lassen, sind einfache Dehnungen wie das Ausstrecken der Arme über den Kopf, während Sie sich auf Ihre Schultern konzentrieren, oder das sanfte Drehen des Oberkörpers, während Sie sich auf die Wirbelsäule konzentrieren. Diese Bewegungen fördern ein Gefühl von Fluidität und Offenheit im Körper. Yoga-Posen wie die Kinderpose oder die Katze-Kuh können ebenfalls effektiv sein; Sie dehnen nicht nur die Muskeln, sondern laden auch zur Achtsamkeit in die Bewegung selbst ein. Für diejenigen, die einen dynamischeren Ansatz bevorzugen, bietet die Gehmeditation eine hervorragende Möglichkeit, sich mit dem Boden unter Ihnen zu verbinden und sich gleichzeitig der Empfindungen Ihres Körpers bewusst zu bleiben.

Wenn Sie diese verschiedenen Bewegungen während Ihrer Bodyscan-Praxis erkunden, achten Sie darauf, wie sie sich auf Ihren Körper und Geist auswirken. Möglicherweise stellen Sie fest, dass sich bestimmte Bewegungen besonders nährend oder heilend anfühlen, während andere Unbehagen oder Widerstand hervorrufen. Diese Erkundung ist ein wesentlicher Teil des Prozesses; Es fördert die Selbstfindung und eine mitfühlende Beziehung zu Ihrem Körper. Indem du dich darauf einstimmst, wie verschiedene Bewegungen mit dir in Resonanz gehen, kultivierst du eine Umgebung, in der Heilung auf natürliche Weise stattfinden kann.

Letztendlich lädt die Integration von Bewegung in Bodyscan-Praktiken zu einer tieferen Auseinandersetzung mit sich selbst ein. Es verwandelt die Erfahrung von der bloßen Beobachtung in die aktive Teilnahme an der eigenen Heilungsreise. Wenn du mit verschiedenen Bewegungen experimentierst, denke daran, dass es keinen richtigen oder falschen Weg gibt, dies zu tun – das Wichtigste ist, das zu finden, was sich für dich gut anfühlt, und dir die Gnade zu erlauben, diesen nährenden Weg zu erkunden.

## Achten Sie auf die Empfindungen in Ihrem Körper, während Sie sich bewegen

Bewegung ist ein wesentlicher Bestandteil des Menschseins, doch in der Hektik des täglichen Lebens bewegen wir uns oft auf Autopilot. Wir hetzen von einem Ort zum anderen, unser Geist ist mit Gedanken über die Vergangenheit oder Zukunft beschäftigt, während unser Körper mechanisch Handlungen ausführt. Diese Diskrepanz kann zu einem Gefühl von Müdigkeit, Stress und sogar körperlichem Unbehagen führen. Wenn wir uns jedoch während der Bewegung auf Achtsamkeit einlassen, können wir ein tiefes Bewusstsein entwickeln, das sowohl unser körperliches als auch unser geistiges Wohlbefinden bereichert. Indem wir auf die Empfindungen in unserem Körper achten, während wir uns bewegen, vertiefen wir die Verbindung zwischen Geist und Körper und ermöglichen eine harmonischere Erfahrung des Lebens.

Stell dir vor, du nimmst dir einen Moment Zeit, um innezuhalten und zu beobachten, wie sich deine Füße anfühlen, wenn sie den Boden berühren. Jeder Schritt kann zu einem Tanz des Bewusstseins werden, bei dem du die Textur der Oberfläche unter dir spürst – die Kühle des Grases oder die Festigkeit des Pflasters. Lassen Sie Ihre Aufmerksamkeit beim Gehen auf die subtilen Verschiebungen Ihres Gewichts schweifen, auf die Art und Weise, wie sich Ihre Muskeln bei jedem Schritt an-

und abspannen. Dieser einfache Akt des Einstimmens auf deine Füße kann einen alltäglichen Spaziergang in eine meditative Praxis verwandeln. Es lädt Sie ein, Bewegung nicht nur als Mittel zum Zweck, sondern auch als Gelegenheit zur Verbindung und Entdeckung zu erleben.

Während du dich weiter bewegst, verlagere deinen Fokus auf die Empfindungen, die durch deinen Körper strömen. Achte auf die Dehnung deiner Muskeln, wenn du nach etwas über dem Kopf greifst oder dich bückst, um deine Schuhe zu binden. Spüren Sie, wie Ihr Körper auf diese Bewegungen reagiert – vielleicht gibt es ein sanftes Ziehen in Ihren Kniesehnen oder eine warme Entspannung in Ihren Schultern. Indem Sie diese Empfindungen anerkennen, schaffen Sie einen Dialog zwischen Ihrem Geist und Ihrem Körper, der ein größeres Bewusstsein und Verständnis fördert. Diese Verbindung kann helfen, Spannungen zu lösen und die Entspannung zu fördern, indem sie Sie dazu ermutigt, sich mit größerer Leichtigkeit und Anmut zu bewegen.

Der Atem ist ein weiterer wichtiger Aspekt der achtsamen Bewegung, der Aufmerksamkeit verdient. Wenn du dich körperlich betätigst – sei es Yoga, Tanzen oder einfach nur Gehen – achte genau darauf, wie dein Atem mit deinen Bewegungen fließt. Atmen Sie tief ein, während Sie Ihre Arme über den Kopf heben, und spüren Sie die Ausdehnung in Ihrer Brust und Ihrem Bauch. Atmen Sie vollständig aus, während Sie sich nach vorne beugen, und lösen Sie alle verbleibenden Spannungen. Dieses rhythmische Wechselspiel zwischen Atem und Bewegung steigert nicht nur die körperliche Leistungsfähigkeit, sondern beruhigt auch den Geist und erdet Sie im gegenwärtigen Moment.

Um diese Achtsamkeit weiter zu kultivieren, versuche, eine Absicht zu setzen, bevor du anfängst, dich zu bewegen. Es könnte so einfach sein wie "Ich werde mir meines Körpers bewusst sein" oder "Ich werde jede Empfindung umarmen". Erlaube dieser Absicht, dich zu leiten, während du dich durch den Raum bewegst. Wenn du dich im Laufe des Tages mit Aktivitäten beschäftigst — sei es morgendliches Dehnen oder ein gemütlicher Spaziergang — kehre immer wieder zu dieser Absicht zurück. Achte darauf, wie jede Bewegung nicht nur deinen Körper, sondern auch deinen emotionalen Zustand beeinflusst. Bringen bestimmte Handlungen Freude oder Erleichterung? Gibt es Bewegungen, die Unbehagen oder Widerstand auslösen? Indem Sie diese Reaktionen ohne Urteil beobachten, schaffen Sie eine Gelegenheit für Wachstum und Selbstfindung.

Sich mit Absicht zu bewegen bedeutet, bei jeder Handlung, die du tust, präsent zu sein. Es lädt Neugier in Ihre Erfahrung ein; Anstatt nur die Bewegungen zu durchlaufen, frage dich, wie sich jede Bewegung anfühlt und was sie emotional und körperlich für dich hervorruft. Diese Praxis kann besonders bei Trainingsroutinen oder sportlichen Aktivitäten von Vorteil sein, bei denen es leicht ist, sich in Leistungskennzahlen oder -ergebnissen zu verlieren. Anstatt sich nur auf Geschwindigkeit oder Kraft zu konzentrieren, sollten Sie sich auf die Empfindungen konzentrieren — den Adrenalinstoß, das Brennen in Ihren Muskeln oder sogar die Müdigkeit, die auf ein intensives Training folgt. Jedes Gefühl ist ein Teil deiner Reise zu mehr Selbsterkenntnis.

Indem wir Achtsamkeit in Bewegung integrieren, öffnen wir uns für eine reichere Lebenserfahrung — eine, in der wir uns voll und ganz mit unserem Körper beschäftigen und in jedem Moment präsent sind. Die Schönheit liegt nicht nur im Erreichen von Fitnesszielen, sondern auch im Genießen des Prozesses selbst — dem sanften Schwingen der Hüften beim Tanzen oder dem befriedigenden Dehnen nach einem langen Arbeitstag. Jede Bewegung wird zu einer Einladung, sich tiefer mit sich selbst zu verbinden und ein Gefühl von Frieden und Erfüllung zu fördern, das über körperliche Aktivität hinaus in jede Facette des Lebens hinein mitschwingt.

## Bewegung nutzen, um Verspannungen zu lösen und die Heilung zu fördern

Bewegung dient als tiefgreifendes und zugängliches Mittel, um Verspannungen zu lösen und die Heilung von Körper und Geist zu fördern. Wenn wir uns bewegen, aktivieren wir unsere Muskeln, regen die Durchblutung an und fördern die Freisetzung von Endorphinen – den natürlichen Stressabbaumitteln unseres Körpers. Dieser Prozess lindert nicht nur körperliche Beschwerden, sondern fördert auch das emotionale Wohlbefinden und schafft einen ganzheitlichen Ansatz für die Gesundheit.

Ziehe einfache, aber effektive Bewegungen wie **Schulterrollen in Betracht**, die Verspannungen im Nacken und in den Schultern deutlich lösen können. Indem Sie Ihre Schultern sanft nach vorne und hinten rollen, helfen Sie, verspannte Muskeln zu lockern, die oft Stress durch tägliche Aktivitäten wie das Sitzen am Schreibtisch oder das Tragen schwerer Taschen ansammeln. Diese Bewegung fördert die Durchblutung des Bereichs, fördert die Entspannung und reduziert die Steifheit. In ähnlicher Weise **eignen sich Hüftkreise** fantastisch, um den unteren Rücken zu erreichen, einen Bereich, in dem viele Menschen unter chronischen Verspannungen leiden. Indem Sie mit hüftbreit auseinander stehenden Füßen stehen und kreisende

Bewegungen mit Ihren Hüften ausführen, dehnen Sie nicht nur die Muskeln um das Becken, sondern verbessern auch die Beweglichkeit im unteren Rücken, was einen größeren Bewegungsspielraum und eine Linderung von Beschwerden ermöglicht.

Wenn Sie regelmäßige Bewegung in Ihren Alltag integrieren, können Sie einen ausgeglicheneren Körper schaffen. Es sind keine langwierigen Sitzungen im Fitnessstudio erforderlich. Selbst kurze Aktivitätsausbrüche können erhebliche Vorteile bringen. Ein paar Minuten für sanftes Dehnen oder ein flotter Spaziergang in den Pausen können zum Beispiel die Anspannung Ihres Körpers zurücksetzen. Aktivitäten wie Yoga oder Tai Chi betonen langsame, bewusste Bewegungen, die die Achtsamkeit fördern und gleichzeitig Muskelverspannungen lösen. Diese Übungen ermutigen dich, dich mit deinem Körper zu verbinden, und schärfen das Bewusstsein dafür, wo du Spannungen hältst und wie du sie loslassen kannst.

Betrachten Sie außerdem die Kraft der **Schütteltherapie**, bei der verschiedene Teile Ihres Körpers geschüttelt werden, um aufgebauten Stress und Spannungen abzubauen. Diese Technik kann so einfach sein wie das Aufstehen und das Schütteln von Armen und Beinen für ein oder zwei Minuten. Es ist eine hervorragende Möglichkeit, die Aufmerksamkeit wieder auf Ihren Körper zu lenken und gleichzeitig das Nervensystem dazu anzuregen, aufgestaute Energie freizusetzen. Während du zitterst, konzentriere dich auf deinen Atem – atme tief ein und vollständig aus – und lass zu, dass sich die verbleibende Spannung mit jedem Atemzug auflöst.

Die Schönheit der Bewegung liegt in ihrer Anpassungsfähigkeit; Es kann an jeden Lebensstil oder jedes Fitnesslevel angepasst werden. Egal, ob Sie ein erfahrener Sportler sind oder gerade erst anfangen, Freude an der Bewegung zu finden, ist der Schlüssel. Vielleicht tanzen Sie gerne in Ihrem Wohnzimmer oder arbeiten am Wochenende im Garten; Diese Aktivitäten halten Sie nicht nur aktiv, sondern nähren auch Ihren Geist. Denken Sie daran, dass auch kleine Handlungen zählen – die Treppe statt den Aufzug zu nehmen oder ein paar Dehnübungen beim Fernsehen zu machen, kann einen Unterschied machen.

Wenn Sie beginnen, Bewegung in Ihren Alltag einzubauen, achten Sie darauf, wie sich dies auf Ihr allgemeines Wohlbefinden auswirkt. Achte darauf, wie sich dein Körper vor und nach diesen Übungen anfühlt; Dieses Bewusstsein kann dich motivieren, weiterhin verschiedene Formen der Bewegung zu erforschen, die mit dir in Resonanz gehen. Der Weg zum Lösen von Spannungen durch Bewegung ist für jeden persönlich und einzigartig, aber die Belohnungen – ein entspannterer Körper und ein klarerer Geist – sind universell vorteilhaft.

# Unbehagen umarmen

Unbehagen tritt oft als wichtiger Bestandteil des Körperscan-Prozesses auf und dient als wichtiges Signal unseres Körpers, dass etwas unsere Aufmerksamkeit erfordert. Wenn wir uns mit Body-Scan-Meditation beschäftigen, kultivieren wir ein erhöhtes Bewusstsein für unsere körperlichen Empfindungen, das es uns ermöglicht, Bereiche der Anspannung oder des

Unbehagens zu bemerken, die wir sonst in unserem täglichen Leben übersehen würden. Diese Praxis ermutigt uns, uns mit diesen Empfindungen auseinanderzusetzen, anstatt sie zu verwerfen, und fördert ein tieferes Verständnis unserer körperlichen und emotionalen Zustände. Unbehagen kann auf Bereiche hinweisen, in denen wir Stress oder ungelöste Emotionen haben, und als Einladung dienen, diese Gefühle umfassender zu erforschen.

Unbehagen anzuerkennen und zu tolerieren ist entscheidend für persönliches Wachstum und Heilung. Viele Menschen scheuen instinktiv unangenehme Empfindungen und betrachten sie als negative Erfahrungen, die es zu vermeiden gilt. Diese Vermeidung kann jedoch einen Kreislauf der Trennung von unserem Körper und unseren Emotionen aufrechterhalten. Indem wir lernen, Unannehmlichkeiten zu tolerieren, öffnen wir uns für wertvolle Erkenntnisse über unser Wohlbefinden. Es wird zu einem Werkzeug der Selbstfindung; Anstatt Unbehagen als Feind zu sehen, können wir es als Leitfaden umgestalten, der uns zu Bereichen führt, die Pflege und Aufmerksamkeit benötigen.

Um Beschwerden effektiv zu bewältigen, können verschiedene Strategien angewendet werden. Tiefes Atmen ist eine solche Methode; Es hilft uns, uns zu erden und bringt Ruhe in den Körper. Indem wir uns auf langsame, absichtliche Atemzüge konzentrieren, können wir in uns selbst Raum schaffen, um Unbehagen ohne Urteil zu beobachten. Achtsamkeitspraktiken verstärken diese Erfahrung weiter, indem sie uns ermutigen, mit unseren Empfindungen präsent zu bleiben und sie so zu beobachten, wie sie sind, ohne sie ändern zu müssen. Dieses nicht wertende Bewusstsein ermöglicht es uns, eine mitfühlendere Beziehung zu uns selbst zu entwickeln.

Selbstmitgefühl spielt eine entscheidende Rolle dabei, wie wir mit Unbehagen umgehen. Anstatt uns selbst dafür zu kritisieren, dass wir Schmerz oder Unbehagen empfinden, können wir in diesen Momenten Freundlichkeit uns selbst gegenüber üben. Dieser Perspektivwechsel fördert die Resilienz und das emotionale Wohlbefinden. Wenn Unbehagen aufkommt, können wir uns ihm mit Neugier nähern – uns fragen, was es zu vermitteln versucht – unsere Erfahrung von einer der Angst in eine der Erkundung verwandeln.

Die Auseinandersetzung mit Unbehagen durch Body-Scan-Meditation kann eine bereichernde Reise sein, wenn man sich ihnen mit einem offenen Geist nähert. Jede Sitzung wird zu einer Gelegenheit, nicht nur Schmerzen zu erkennen, sondern auch ihre Ursprünge und Auswirkungen auf unsere allgemeine Gesundheit zu verstehen. Indem wir Unbehagen als Teil der menschlichen Erfahrung annehmen, befähigen wir uns, darüber hinauszuwachsen und dabei wertvolle Lektionen über unseren Körper und Geist zu lernen.

## Allmähliche Exposition gegenüber unangenehmen Empfindungen

Allmähliche Exposition ist eine wirkungsvolle Technik, die Menschen hilft, Toleranz gegenüber unangenehmen Empfindungen, Ängsten oder Ängsten aufzubauen. Die Essenz dieses Ansatzes liegt in dem Prinzip, dass eine wiederholte, kontrollierte Exposition gegenüber Unbehagen die damit verbundenen Ängste und Unruhen erheblich reduzieren kann. Wenn wir uns strukturiert mit dem auseinandersetzen, was uns beunruhigt, erlauben wir unserem Körper und unserem

Geist, sich anzupassen, was letztendlich zu einer Desensibilisierung führt. Dieser Prozess verringert nicht nur die Intensität unserer Angstreaktionen, sondern fördert auch ein Gefühl der Ermächtigung, da wir lernen, dass wir effektiv mit Beschwerden umgehen können.

Die Reise der allmählichen Exposition beginnt damit, dass du dein Unbehagen erkennst und verstehst, dass es ein natürlicher Teil des Prozesses ist. Stell dir vor, du tauchst deine Zehen in einen kühlen Pool; Der erste Schock kann überwältigend sein, aber mit jedem Moment, den du im Wasser verbringst, akklimatisiert sich dein Körper. In ähnlicher Weise können Sie, indem Sie mit leichtem Unbehagen beginnen und die Intensität schrittweise erhöhen, Ihren Geist und Körper trainieren, Situationen zu tolerieren, die sich einst entmutigend anfühlten. Diese Methode ist vergleichbar mit dem Training eines Muskels; Es erfordert Beständigkeit und Geduld, ergibt aber mit der Zeit eine erhebliche Festigkeit.

Um sich auf diese Reise zu begeben, identifiziere zunächst eine bestimmte Empfindung oder Situation, die du als unangenehm empfindest. Beginnen Sie damit, eine Hierarchie von Ängsten zu erstellen, die mit diesem Unbehagen verbunden sind. Wenn du zum Beispiel Angst davor hast, in der Öffentlichkeit zu sprechen, könnte deine Liste damit beginnen, dass du dir vorstellst, vor einer kleinen Gruppe zu sprechen, dann vor Freunden zu üben und schließlich vor einem größeren Publikum zu sprechen. Jeder Schritt sollte überschaubar sein; Das Ziel ist es, sicherzustellen, dass Sie sich leicht ängstlich, aber nicht überfordert fühlen.

Sobald Sie Ihre Hierarchie festgelegt haben, wählen Sie den am wenigsten einschüchternden Punkt auf Ihrer Liste als Ausgangspunkt aus. Beschäftigen Sie sich für einen bestimmten Zeitraum mit diesem Unbehagen und wenden Sie Entspannungstechniken wie tiefes Atmen oder Achtsamkeit an, um aufkommende Ängste zu bewältigen. Es ist wichtig, in dieser Situation zu bleiben, bis Ihre Angst nachlässt. Dies kann je nach Ihrem Komfortniveau mehrere Minuten oder länger dauern. Wenn Sie sich wiederholt diesem leichten Unbehagen aussetzen, werden Sie allmählich feststellen, dass es weniger einschüchternd wird.

Wenn Sie Selbstvertrauen gewinnen und sich mit jedem Schritt wohler fühlen, gehen Sie zum nächsten Punkt in Ihrer Hierarchie über. Diese Entwicklung sollte sich natürlich anfühlen; Wenn Sie sich zu irgendeinem Zeitpunkt überfordert fühlen, ist es völlig akzeptabel, einen Schritt zurückzutreten und frühere Levels erneut zu besuchen, bis Sie sich bereit fühlen, wieder voranzukommen. Es ist von größter Bedeutung, auf die Signale Ihres Körpers zu hören. Das Tempo jedes Einzelnen ist je nach individuellen Erfahrungen und Komfort unterschiedlich.

Während dieses Prozesses ist es wichtig, kleine Siege zu feiern. Jedes Mal, wenn du dich erfolgreich einer Angst oder einem Unbehagen stellst, erkenne deine Fortschritte an. Dies verstärkt nicht nur positive Gefühle, sondern motiviert dich auch, das Unbehagen weiter zu überwinden. Denken Sie daran, dass es bei der schrittweisen Exposition nicht darum geht, Ängste vollständig zu beseitigen, sondern vielmehr darum, zu lernen, wie Sie mit ihr koexistieren können, ohne sich von ihr Ihr Handeln diktieren zu lassen.

Eine schrittweise Exposition kann auch von Unterstützungssystemen profitieren – sei es durch Freunde, Familie oder Fachleute, die den Prozess verstehen und auf dem Weg dorthin Ermutigung bieten können. Das Teilen Ihrer Erfahrungen kann ein Gefühl der Gemeinschaft und Verantwortlichkeit fördern und die Reise weniger isolierend machen.

Im Wesentlichen geht es bei der schrittweisen Exposition darum, durch kleine, überschaubare Schritte Resilienz aufzubauen. Es stärkt den Einzelnen, indem es seine Beziehung mit Unbehagen von einer der Vermeidung in eine der Akzeptanz und Beherrschung verwandelt. Indem Sie sich in Ihrem eigenen Tempo bewegen und sich auf die Reaktionen Ihres Körpers einstellen, können Sie Ihre Komfortzone allmählich erweitern und Ihre allgemeine Lebensqualität verbessern.

## Achtsamkeit und Selbstmitgefühl nutzen, um mit schwierigen Emotionen umzugehen.

Achtsamkeit und Selbstmitgefühl sind mächtige Werkzeuge, um sich in der emotionalen Landschaft zurechtzufinden, die bei Übungen wie Körperscans entstehen kann. Bei Achtsamkeit geht es im Grunde darum, mit unseren Erfahrungen präsent zu sein, ohne zu urteilen. Das bedeutet, Gedanken, Gefühle und körperliche Empfindungen zu beobachten, während sie auftreten, und ihnen zu erlauben, zu kommen und zu gehen, ohne sie als gut oder schlecht abzustempeln. Es lädt uns ein, uns auf eine Art und Weise mit unseren Emotionen auseinanderzusetzen, die eher Neugier als Kritik fördert. Wenn wir Achtsamkeit üben, kultivieren wir ein Bewusstsein, das uns hilft, schwierige Emotionen als vorübergehende Zustände und nicht als feste Aspekte von uns selbst zu erkennen. Diese Perspektive kann unglaublich befreiend sein, besonders wenn wir auf Gefühle stoßen, die unangenehm oder belastend sind.

Selbstmitgefühl ergänzt Achtsamkeit wunderbar. Es bedeutet, uns selbst mit Freundlichkeit und Verständnis zu behandeln, besonders in Momenten des Leidens oder des wahrgenommenen Versagens. Kristin Neff, eine führende Forscherin auf diesem Gebiet, betont, dass Selbstmitgefühl aus drei Kernkomponenten besteht: Selbstfreundlichkeit, gemeinsame Menschlichkeit und Achtsamkeit. Indem wir unsere gemeinsame menschliche Erfahrung anerkennen und verstehen, dass jeder vor Herausforderungen steht, können wir unseren inneren Dialog mildern und harte Selbstverurteilungen durch eine fürsorglichere Stimme ersetzen. Diese Verschiebung ist entscheidend bei Körperscans, bei denen wir mit Gefühlen der Unzulänglichkeit oder des Unbehagens konfrontiert werden können. Selbstmitgefühl ermöglicht es uns, diese Gefühle anzuerkennen, ohne von ihnen überwältigt zu werden.

Um Achtsamkeit und Selbstmitgefühl zu kultivieren, können verschiedene Techniken von Vorteil sein. **Die Meditation der liebenden Güte** ist eine der etabliertesten Methoden, um Selbstmitgefühl zu fördern. Bei dieser Praxis konzentrieren sich die Individuen darauf, positive Wünsche an sich selbst und andere zu senden, indem sie Sätze wie "Möge ich sicher sein. Möge ich glücklich sein." Diese einfache, aber tiefgründige Übung fördert nicht nur die Selbstfreundlichkeit, sondern baut auch ein Gefühl der Verbundenheit mit anderen auf. Wenn du merkst, dass dein Geist während dieser Meditation abschweift – ein natürliches Ereignis –, lenke deinen Fokus sanft zurück auf die Sätze und richte dich so wenig wie möglich an. Jedes Mal, wenn du dies tust, stärkst du deine Fähigkeit, deine Gedanken zu beobachten, ohne dich in ihnen zu verlieren.

Eine weitere effektive Technik ist **das Journaling**, das einen Raum bietet, um Ihre Emotionen in der Tiefe zu erforschen. Das Schreiben über schwierige Erfahrungen kann helfen, Gefühle zu klären und Muster in deinen emotionalen Reaktionen aufzudecken. Vielleicht stellst du dir Fragen wie: "Was fühle ich gerade?" oder "Wie kann ich mir in diesem Moment freundlich begegnen?" Das Nachdenken über diese Fragen fördert einen Dialog zwischen deinem achtsamen Bewusstsein und deinem mitfühlenden Selbst.

Gespräche mit einem vertrauenswürdigen Freund oder Therapeuten können sowohl die Achtsamkeit als auch das Selbstmitgefühl verbessern. Das Teilen Ihrer Erfahrungen ermöglicht eine externe Bestätigung und Unterstützung, was besonders beruhigend sein kann, wenn Sie mit herausfordernden Emotionen konfrontiert sind. Ein mitfühlender Zuhörer kann dir helfen, deine Situation aus einer anderen Perspektive zu sehen und das Verständnis dafür zu stärken, dass du mit deinen Problemen nicht allein bist.

Wenn Sie diese Praktiken in Ihren Alltag integrieren, fördert dies im Laufe der Zeit die emotionale Widerstandsfähigkeit. So wie körperliche Bewegung den Körper stärkt, stärkt die regelmäßige Auseinandersetzung mit Achtsamkeits- und Selbstmitgefühlstechniken unser geistiges und emotionales Wohlbefinden. Der Schlüssel ist Beständigkeit; Wenn wir diese Praktiken zu einem regelmäßigen Bestandteil des Lebens machen, können sie zu tief verwurzelten Gewohnheiten werden, die uns in schwierigen Zeiten unterstützen. Indem wir sowohl Achtsamkeit als auch Selbstmitgefühl fördern, bauen wir ein solides Fundament auf, auf dem wir den unvermeidlichen Herausforderungen des Lebens standhalten können.

# Körper-Weisheit

Auf die Signale Ihres Körpers zu hören, ist eine wesentliche Übung, die Ihr allgemeines Wohlbefinden erheblich steigern kann. In unserem schnelllebigen Leben ist es leicht, die subtilen Signale zu übersehen, die unser Körper uns sendet, aber diese Signale – ob sie sich nun als Schmerz, Müdigkeit oder Unruhe äußern – sind wichtige Indikatoren für unseren körperlichen und emotionalen Zustand. Jede Empfindung trägt eine Botschaft in sich, die uns dazu auffordert, aufmerksam zu sein und vorsichtig zu reagieren. Indem wir ein tieferes Bewusstsein für diese körperlichen Kommunikationen kultivieren, können wir eine harmonischere Beziehung zu uns selbst fördern, was zu einer verbesserten Gesundheit und emotionalen Zufriedenheit führt.

Körperliche Empfindungen dienen oft als die Art und Weise, wie der Körper Unbehagen oder Ungleichgewicht ausdrückt. Schmerz zum Beispiel ist nicht nur ein Ärgernis; Es ist ein entscheidendes Signal, dass etwas nicht stimmt. Müdigkeit kann darauf hindeuten, dass dein Körper Ruhe braucht oder dass du über deine Grenzen hinausgehst. In ähnlicher Weise können Gefühle der Unruhe darauf hindeuten, dass Sie Bewegung oder eine Veränderung der Umgebung benötigen. Das Erkennen dieser Signale ist der erste Schritt, um zu verstehen, was Ihr Körper wirklich braucht. Es ermöglicht Ihnen, zwischen verschiedenen Zuständen zu unterscheiden – zum Beispiel Hunger versus emotionaler Belastung – und angemessen zu reagieren.

Die Deutung dieser Signale erfordert Übung und Geduld. Die Beschäftigung mit Achtsamkeitstechniken wie Bodyscanning oder Meditation kann Ihre Fähigkeit verbessern, sich ohne Urteil auf Ihre körperlichen Empfindungen einzustimmen. Bei dieser Praxis geht es darum, sich auf verschiedene Teile deines Körpers zu konzentrieren und alle Gefühle der Anspannung oder Entspannung zu bemerken, die entstehen. Auf diese Weise können Sie ein nuancierteres Verständnis dafür entwickeln, wie Ihr Körper seine Bedürfnisse kommuniziert. Im Laufe der Zeit kann dieses geschärfte Bewusstsein zu einer besseren Selbstregulierung und effektiveren Antworten auf die Herausforderungen führen, mit denen Sie konfrontiert sind.

Es ist von größter Bedeutung, der Weisheit deines Körpers zu vertrauen. Wenn du Schmerzen oder Unbehagen verspürst, ist es wichtig, diese Gefühle ernst zu nehmen, anstatt sie als bloße Unannehmlichkeiten abzutun. Dies kann bedeuten, dass Sie einen Arzt aufsuchen, wenn die Schmerzen anhalten, oder sich an Selbstfürsorgepraktiken beteiligen, die Heilung und Entspannung fördern. Wenn Sie sich zum Beispiel nach einem langen Tag müde fühlen, kann es unglaublich vorteilhaft sein, sich eine Pause zu gönnen oder sich erholsamen Aktivitäten wie Yoga oder sanftem Dehnen hinzugeben. Umgekehrt, wenn während einer sitzenden Zeit Unruhe auftritt, sollten Sie in Erwägung ziehen, einen Spaziergang zu machen oder sich in irgendeiner Form körperlich zu betätigen, um aufgestaute Energie freizusetzen.

Darüber hinaus spielen Selbstfürsorgepraktiken eine entscheidende Rolle, um effektiv auf die Signale Ihres Körpers zu reagieren. Einfache Maßnahmen wie eine ausreichende Flüssigkeitszufuhr, eine ausgewogene Ernährung und ausreichend Schlaf können einen erheblichen Einfluss darauf haben, wie gut Sie die

Bedürfnisse Ihres Körpers interpretieren und darauf reagieren. Darüber hinaus kann die Förderung der emotionalen Gesundheit durch Praktiken wie Tagebuchschreiben oder Gespräche mit Freunden Ihnen helfen, Gefühle zu verarbeiten, die sich sonst als körperliches Unbehagen manifestieren würden.

Wenn du auf deinen Körper hörst, geht es nicht nur darum, reaktiv zu reagieren. Es geht auch darum, einen proaktiven Ansatz für Gesundheit und Wohlbefinden zu fördern. Indem du eine Routine entwickelst, die regelmäßige Check-ins mit dir selbst beinhaltet — sei es durch Meditation, Tagebuchschreiben oder einfach durch Momente, in denen du den ganzen Tag über tief durchatmest und beurteilst, wie du dich fühlst — schaffst du Raum für Bewusstheit und Intentionalität in deinem Leben. Diese Praxis befähigt Sie, Entscheidungen zu treffen, die Ihren körperlichen und emotionalen Bedürfnissen entsprechen.

## Vertrauen Sie auf die angeborene Weisheit Ihres Körpers zur Heilung

Das Konzept der angeborenen Weisheit des Körpers legt nahe, dass jeder von uns eine innewohnende Intelligenz besitzt, die unsere Heilungsprozesse steuert. Diese angeborene Intelligenz ist nicht nur ein theoretischer Begriff; Es ist ein grundlegender Aspekt unserer Biologie, der es uns ermöglicht, mit bemerkenswerter Effizienz auf Verletzungen und Krankheiten zu reagieren. Wenn wir uns zum Beispiel schneiden, beginnt unser Körper sofort mit dem Heilungsprozess, indem er ein Gerinnsel bildet und die Gewebereparatur einleitet. Diese Selbstheilungsfähigkeit zeigt, wie der Körper darauf ausgelegt ist, das Gleichgewicht zu erhalten und die Gesundheit wiederherzustellen, wenn die richtigen Bedingungen gegeben sind.

Viele ganzheitliche Heilphilosophien betonen diese angeborene Weisheit und erkennen, dass unser Körper eine außergewöhnliche Fähigkeit hat, sich selbst zu heilen. Dieser Heilungsprozess kann durch Stressfaktoren wie schlechte Ernährung, Bewegungsmangel oder emotionale Unruhen gestört werden, was zu Unwohlsein oder Krankheit führt. Wenn wir jedoch eine Umgebung schaffen, die die natürlichen Prozesse unseres Körpers unterstützt – durch die richtige Ernährung, angemessene Ruhe und Achtsamkeit –, ermöglichen wir es unserer angeborenen Intelligenz, zu gedeihen. Die Chiropraktik funktioniert beispielsweise nach diesem Prinzip, indem sie sicherstellt, dass die Wirbelsäule korrekt ausgerichtet ist, was eine optimale Kommunikation zwischen Gehirn und Körper ermöglicht. Diese Ausrichtung ermöglicht es, dass die Nervenimpulse frei fließen können, was die Anpassungs- und Heilungsfähigkeit des Körpers verbessert.

Die Manifestationen dieser angeborenen Weisheit können oft subtil und doch tiefgründig sein. Intuition ist ein solches Beispiel; Sie kann uns dabei unterstützen, Entscheidungen zu treffen, die auf unsere Gesundheit und unser Wohlbefinden ausgerichtet sind. Viele Menschen erleben Bauchgefühle oder "Spidey Senses", wenn sich etwas in ihrem Körper oder ihrer Umgebung nicht in Ordnung anfühlt. Diese Empfindungen sind keine bloßen Zufälle; Sie sind Signale unseres Körpers, die uns auffordern, aufmerksam zu sein. In ähnlicher Weise können Träume als Kanal für diese Weisheit dienen, indem sie Einblicke in ungelöste Probleme bieten oder uns auf Heilungswege führen, die wir vielleicht nicht bewusst erkennen.

Körperliche Empfindungen spielen auch eine entscheidende Rolle bei der Kommunikation der Bedürfnisse unseres Körpers. Zum Beispiel können Spannungen in bestimmten Bereichen auf emotionalen Stress oder ungelöste Traumatata hinweisen. Indem wir uns auf diese Empfindungen einstimmen und sie ohne Urteil anerkennen, können wir anfangen zu verstehen, was unser Körper uns zu sagen versucht. Dieses Bewusstsein fördert eine tiefere Verbindung mit uns selbst und ermutigt uns, diesen Signalen als gültige Führer für Heilung zu vertrauen.

Eine Beziehung zur angeborenen Weisheit unseres Körpers zu pflegen, erfordert Übung und Geduld. Achtsamkeitstechniken wie Meditation, Atemarbeit oder somatische Übungen können unser Bewusstsein für körperliche Empfindungen und Emotionen verbessern. Indem wir uns regelmäßig mit diesen Übungen beschäftigen, können wir lernen, aufmerksamer auf unseren Körper zu hören und mitfühlend auf seine Bedürfnisse einzugehen. Auf diesem Weg, die Signale unseres Körpers zu verstehen und ihnen zu vertrauen, geht es nicht nur darum, körperliche Beschwerden anzugehen, sondern auch um einen ganzheitlichen Gesundheitsansatz, der die Verbindung zwischen Geist und Körper würdigt.

Wenn wir uns auf diese Reise der Selbstfindung und Heilung begeben, ist es wichtig, sich daran zu erinnern, dass wir nicht nur passive Empfänger von Fürsorge sind, sondern aktive Teilnehmer an unserer Wellness-Reise. Indem wir diese Verbindung mit unserem Körper pflegen und die angeborene Weisheit in uns erkennen, befähigen wir uns, die Verantwortung für unsere Gesundheit und unser Wohlbefinden zu übernehmen. Das Vertrauen in diesen Prozess ermöglicht es uns, das Potenzial für wahre Vitalität und Widerstandsfähigkeit freizusetzen, das in jedem von uns steckt.

## Körperweisheit in deinen Alltag integrieren

Die Integration von Körperweisheit in den Alltag ist eine transformative Reise, die eine tiefere Verbindung mit sich selbst fördert. Um diesen Prozess zu beginnen, ist es wichtig, sich Zeit für die Selbstfürsorge zu nehmen. Dies kann sich in verschiedenen Formen manifestieren, von der Meditation am Morgen bis hin zu gemütlichen Spaziergängen in der Natur. Diese Praktiken fördern nicht nur die Entspannung, sondern schaffen auch Raum für Selbstreflexion, so dass sich der Einzelne auf seinen Körper einstimmen und die subtilen Signale erkennen kann, die er im Laufe des Tages sendet. Regelmäßige Check-ins mit sich selbst – vielleicht alle paar Stunden – können dazu beitragen, die Gewohnheit zu kultivieren, auf körperliche Empfindungen und emotionale Zustände zu hören, und ein größeres Bewusstsein dafür zu fördern, wie sich der eigene Körper in verschiedenen Kontexten anfühlt.

Achtsamkeit spielt bei dieser Integration eine entscheidende Rolle. Durch das Üben von Achtsamkeit können Menschen lernen, mit ihren Gedanken, Gefühlen und körperlichen Empfindungen präsent zu sein, ohne sie zu verurteilen. Diese Praxis kann durch Techniken wie Atemarbeit oder geführte Körperscans verbessert werden, die eine mitfühlende Erkundung der eigenen inneren Landschaft fördern. Regelmäßige körperliche Aktivität ist eine weitere wichtige Komponente. Ob Yoga, Tanzen oder einfach nur Gehen, Bewegung hilft, aufgestaute Emotionen abzubauen und den Körper zu beleben. Der Rhythmus der körperlichen Aktivität stärkt nicht nur den Körper, sondern erinnert auch an die Freude an der Bewegung und die Bedeutung eines aktiven Lebensstils.

Die Schaffung einer täglichen Routine, die sowohl das körperliche als auch das emotionale Wohlbefinden unterstützt, ist für den langfristigen Erfolg unerlässlich. Diese Routine sollte flexibel genug sein, um der Unvorhersehbarkeit des Lebens gerecht zu werden, und gleichzeitig konsistent genug bleiben, um das Wachstum zu fördern. Einzelpersonen könnten in Erwägung ziehen, Praktiken wie das Führen eines Tagebuchs einzubauen, um ihre Gefühle und Erfahrungen zu dokumentieren, oder Rituale zu etablieren, die Entspannung und Erdung fördern, wie z. B. abendliche Dehnübungen oder Kräutertees vor dem Schlafengehen. Der Schlüssel liegt darin, herauszufinden, was persönlich in Resonanz steht, und sich diesen Praktiken mit Neugier und nicht mit Starrheit zu nähern.

Beständigkeit und Geduld sind von größter Bedeutung, um eine tiefere Verbindung mit dem Körper zu entwickeln. Wenn sich Menschen auf diese Reise begeben, können sie auf Herausforderungen oder Tage stoßen, an denen es schwierig ist, sich auf die Bedürfnisse ihres Körpers einzustimmen. Es ist wichtig, sich daran zu erinnern, dass der Fortschritt nicht linear verläuft; Manche Tage werden einfacher sein als andere. Diese Ebbe und Flut anzunehmen, ermöglicht eine mitfühlendere Beziehung zu sich selbst. Im Laufe der Zeit, wenn man diese Strategien weiter praktiziert, wird sich die Verbindung zwischen Geist und Körper stärken, was zu einem ausgeglicheneren und erfüllteren Leben führt.

# SCHLUSSFOLGERUNG

## Nimm deine Heilungsreise an

*"Heilung bedeutet nicht, perfekt zu werden. Es geht darum, ganz zu werden." - Ernest Holmes*

## Schlüsseltechniken und -strategien in der Heilung

Das Buch diskutiert mehrere wichtige Techniken und Strategien, die für den Heilungsprozess unerlässlich sind, darunter **Achtsamkeit**, **Atemarbeit** und **Erdungsübungen**. Jede dieser Techniken spielt eine entscheidende Rolle bei der Förderung des emotionalen und körperlichen Wohlbefindens.

- **Achtsamkeit**: Bei dieser Praxis geht es darum, voll und ganz im Moment präsent zu sein, was dem Einzelnen hilft, sich seiner Gedanken und Gefühle bewusst zu werden, ohne zu urteilen. Achtsamkeit kann Ängste abbauen und die emotionale Regulation fördern, so dass Traumatatische Erlebnisse besser verarbeitet werden können. Zum Beispiel veranschaulicht das Buch, wie Achtsamkeitsmeditation Menschen helfen kann, ihre körperlichen Empfindungen im Zusammenhang mit Traumatata zu beobachten, was zu mehr Einsicht und Akzeptanz führt.

- **Atemarbeit**: Atemtechniken werden eingesetzt, um das Nervensystem zu regulieren und aufgestaute Emotionen abzubauen. Das Buch hebt spezifische Atemübungen hervor, die Geist und Körper beruhigen können, wie z. B. die tiefe Zwerchfellatmung. Diese Übungen fördern ein Gefühl der Sicherheit und Entspannung und erleichtern es dem Einzelnen, sich schwierigen Emotionen zu stellen.

- **Erdungsübungen**: Erdungstechniken helfen dem Einzelnen, sich wieder mit seinem Körper und dem gegenwärtigen Moment zu verbinden. Das Buch nennt Beispiele wie das Barfußstehen auf dem Boden oder die Fokussierung auf taktile Empfindungen, um ein Gefühl der Stabilität zu erzeugen. Diese Praktiken sind wichtig für diejenigen, die sich aufgrund eines Traumatas getrennt fühlen, da sie ein Gefühl von Sicherheit und Präsenz fördern.

## Somatisches Erleben in der Traumataheilung

**Somatisches Erleben (SE)** ist ein zentraler Ansatz in der Traumataheilung, der die angeborene Weisheit des Körpers betont, gespeicherte Traumatata loszulassen. SE wurde von Dr. Peter Levine entwickelt und konzentriert sich auf körperliche Empfindungen und nicht nur auf Gedanken oder Emotionen, die mit Traumatatischen Ereignissen verbunden sind. Diese Methode ist besonders effektiv bei tiefsitzenden Traumatata, da sie die physiologischen Reaktionen anspricht, die mit Traumatata einhergehen, und es dem Einzelnen ermöglicht, Erfahrungen zu verarbeiten, ohne von Erinnerungen oder Emotionen überwältigt zu werden.

Im Gegensatz zu traditionellen Gesprächstherapien, die in erster Linie kognitive Prozesse einbeziehen, ermutigt das somatische Erleben die Klienten, ihre körperlichen Empfindungen zu erforschen. Dieser "Bottom-up"-Ansatz hilft dem Einzelnen, die Reaktionen seines Körpers auf Stress und Traumatata zu erkennen, und erleichtert so die emotionale Regulation und Heilung. Zum Beispiel ermöglichen SE-Techniken wie **Titration (allmähliche** Wiederaufnahme Traumatatischer Erinnerungen) und **Pendeln** (Wechsel zwischen Zuständen von Stress und Ruhe) den Klienten, Traumatata schrittweise zu verarbeiten, wodurch das Risiko einer erneuten Traumatatisierung verringert wird.

## Bedeutung von Selbstmitgefühl und Selbstfürsorge

Selbstmitgefühl und Selbstfürsorge werden als wichtige Bestandteile der Heilungsreise betont. Das Buch unterstreicht die Notwendigkeit, Grenzen zu setzen, um den eigenen emotionalen Raum zu schützen, der für eine nachhaltige Heilung entscheidend ist. Aktivitäten, die Freude bereiten — wie Hobbys oder Entspannungstechniken — fördern die Widerstandsfähigkeit und eine positive Denkweise.

Selbstmitgefühl zu üben bedeutet, sich in schwierigen Zeiten freundlich zu behandeln, anstatt sich auf Selbstkritik einzulassen. Dieser Ansatz kann das emotionale Wohlbefinden erheblich steigern, indem er den Einzelnen dazu ermutigt, seine Kämpfe ohne Urteil anzuerkennen.

## Unterstützung von anderen suchen

Das Buch unterstreicht, wie wichtig es ist, während des Heilungsprozesses Unterstützung von anderen zu suchen. Ob durch Therapie, Selbsthilfegruppen oder vertrauenswürdige Freunde und Familie, die Verbindung zur Gemeinschaft vermittelt ein Gefühl der Sicherheit und Bestätigung. Der Austausch von Erfahrungen mit anderen, die es verstehen, kann Gefühle der Isolation lindern, die oft mit Traumatata verbunden sind.

Unterstützende Beziehungen spielen eine entscheidende Rolle bei der Stärkung des Selbstwertgefühls und der Resilienz. Das Buch zeigt, wie Menschen, die sich in unterstützenden Gemeinschaften engagieren, oft verbesserte Heilungsergebnisse erzielen, da diese Verbindungen zu einem größeren Zugehörigkeitsgefühl und emotionaler Stabilität beitragen. Zusammenfassend lässt sich sagen, dass die Integration von Achtsamkeit, Atemarbeit, Erdungsübungen, somatischem Erleben, Selbstmitgefühl, Selbstfürsorgepraktiken und Unterstützung durch die Gemeinschaft einen umfassenden Rahmen für die Traumataheilung bildet, der sowohl psychologische als auch physiologische Aspekte der Genesung anspricht.

## Voran

Heilung ist eine komplexe und nichtlineare Reise, die sowohl **Beständigkeit** als **auch Geduld erfordert**. Rückschläge sind ein fester Bestandteil dieses Prozesses, und das Verständnis, dass Heilung Zeit braucht, ist entscheidend für die Förderung der Resilienz.

## Die nichtlineare Natur der Heilung

Heilung ist selten ein geradliniger Weg; Es ist oft mit Höhen und Tiefen verbunden. Rückschläge können aufgrund verschiedener Faktoren auftreten, darunter Stress, Lebensveränderungen oder emotionale Auslöser. Das Erkennen dieser Schwankungen als natürlicher Teil des Heilungsprozesses ermöglicht es dem Einzelnen, mitfühlender mit sich selbst zu sein. Dieses Selbstmitgefühl ist unerlässlich, da Selbstkritik den Fortschritt behindern und zu Gefühlen der Frustration oder Niederlage führen kann.

## Die Bedeutung von Geduld

**Geduld** mit sich selbst ist für den Heilungsprozess von entscheidender Bedeutung. Heilung braucht Zeit und Mühe, und die Erwartung sofortiger Ergebnisse kann zu Enttäuschungen führen. Zum Beispiel bemerkt jemand, der Achtsamkeit praktiziert, möglicherweise keine unmittelbaren Veränderungen des Angstniveaus, wird aber wahrscheinlich im Laufe der Zeit allmähliche Verbesserungen erfahren. Diese Reise erfordert eine Verpflichtung zu kontinuierlicher Praxis und Selbstfürsorge.

## Kleine Erfolge feiern

Kleine Erfolge **zu erkennen und zu feiern** , kann die Motivation und den Schwung im Heilungsprozess deutlich steigern. Kleine Erfolge sind inkrementelle

Erfolge, die zum Gesamtfortschritt beitragen. Beispiele hierfür sind:

- Eine Erdungsübung erfolgreich absolvieren.
- Feststellung einer Verringerung des Angstniveaus nach dem Üben von Entspannungstechniken.
- Beibehaltung einer konsistenten Journaling-Gewohnheit für den emotionalen Ausdruck.

Das Feiern dieser kleinen Siege fördert das Erfolgserlebnis und stärkt den Glauben, dass Fortschritte gemacht werden, auch wenn es sich manchmal langsam anfühlt.

Die Rolle der Konsistenz

**Beständigkeit** spielt eine entscheidende Rolle auf dem Weg der Heilung. Regelmäßiges Üben von Heiltechniken – sei es durch Therapie, Bewegung oder Achtsamkeit – kann im Laufe der Zeit zu kumulativen Vorteilen führen. Zum Beispiel:

- **Therapeutische Sitzungen: Die** regelmäßige Teilnahme an Therapiesitzungen trägt zum Aufbau einer starken therapeutischen Beziehung bei und ermöglicht eine kontinuierliche Fortschrittsverfolgung.

- **Körperliche Bewegung:** Konsequente körperliche Aktivität kann den Körper stärken und die psychische Gesundheit verbessern, indem neue neuronale Bahnen geschaffen werden, die das allgemeine Wohlbefinden steigern.

Um die Konsistenz zu wahren, sollten Sie Folgendes berücksichtigen:

- Legen Sie einen regelmäßigen Zeitplan für das Training fest.
- Beitritt zu einer unterstützenden Gemeinschaft oder Gruppe, die ähnliche Ziele verfolgt.
- Verfolgen Sie den Fortschritt, um Verbesserungen im Laufe der Zeit zu visualisieren.

## Selbstmitgefühl inmitten von Rückschlägen

In Momenten des Rückschlags ist es entscheidend, **Selbstmitgefühl zu üben** . Anstatt sich selbst zu kritisieren, sollte sich der Einzelne daran erinnern, dass Rückschläge Teil des Heilungsprozesses sind. Dieser Ansatz fördert die Resilienz und Ausdauer und ermöglicht es einem, nach auftretenden Herausforderungen effektiver wieder auf die Beine zu kommen. Mitfühlende Selbstgespräche können negative Gedanken durch Affirmationen ersetzen, die die Schwierigkeit der Reise anerkennen und gleichzeitig das Engagement für die Heilung stärken.

## Eine Botschaft der Hoffnung, der Ermutigung und des Selbstmitgefühls

Während wir dieses Kapitel abschließen, nehmen wir uns einen Moment Zeit, um die tiefe Wahrheit zu umarmen, dass Heilung nicht nur möglich, sondern auch in eurer Reichweite ist. Jeder von uns trägt ein unglaubliches Reservoir an Kraft und Widerstandsfähigkeit in sich, das oft darauf wartet, angezapft zu werden. Sie haben die Kraft, die Herausforderungen zu meistern, mit denen Sie konfrontiert sind, und jeder Schritt, den Sie unternehmen – egal wie klein er ist – bringt Sie einer besseren Zukunft näher.

## Die Bedeutung von Selbstmitgefühl

Auf dieser Reise der Heilung ist Selbstmitgefühl dein größter Verbündeter. Es ist wichtig, sich selbst mit der gleichen Freundlichkeit und dem gleichen Verständnis zu behandeln, die man einem lieben Freund entgegenbringen würde. Erkenne deine Kämpfe an, ohne sie zu verurteilen, und denke daran, dass es in Ordnung ist, sich verletzlich zu fühlen. Indem du Selbstmitgefühl übst, förderst du Resilienz und Wohlbefinden und erlaubst dir die Gnade, durch Widrigkeiten zu wachsen.

## Sie sind nicht allein

Während du diesen Weg navigierst, solltest du wissen, dass du nicht allein bist. Es gibt eine große Gemeinschaft von Menschen, die Ihren Schmerz verstehen und sich für Ihren Erfolg einsetzen. Du bist von Menschen umgeben, denen dein Heilungsprozess sehr am Herzen liegt. Gemeinsam können wir ein unterstützendes Netzwerk schaffen, das sich gegenseitig aufrichtet und inspiriert.

## Worte der Bestätigung

Nehmen Sie sich einen Moment Zeit, um Ihren Wert zu bestätigen:

- Du bist genug.
- Deine Gefühle sind berechtigt.
- Jede Anstrengung, die du zur Heilung unternimmst, ist bedeutend.

Lass diese Affirmationen in dir widerhallen, als Erinnerungen an deinen inhärenten Wert und deine Stärke.

## Ein Aufruf zum Handeln

Jetzt ist es an der Zeit, den nächsten Schritt auf deiner Heilungsreise zu machen. Erwäge, eine neue Technik auszuprobieren, die bei dir Anklang findet – vielleicht Tagebuch führen, meditieren oder sich Unterstützung von Freunden oder Fachleuten holen. Was auch immer es sein mag, gönne dir die Möglichkeit, verschiedene Wege der Heilung zu erkunden.

Üben Sie sich vor allem weiterhin in Selbstfürsorge. Priorisieren Sie Aktivitäten, die Ihren Geist, Körper und Seele nähren. Denken Sie daran, dass jeder Tag eine neue Chance ist, Mitgefühl für sich selbst zu kultivieren und die bevorstehende Reise anzunehmen.

Abschließend: Halten Sie an der Hoffnung fest und vertrauen Sie auf Ihre Fähigkeit zum Wachstum. Du befindest dich auf einer bemerkenswerten Reise zur Heilung und mit jedem Schritt vorwärts erschaffst du ein Leben voller Möglichkeiten und Freude. Nehmen Sie diese Reise mit offenem Herzen an und wissen Sie, dass hellere Tage vor Ihnen liegen.